父母问问题，
大师来回答

怎么让孩子在学校更加快乐？

[法]罗兰·塞弗斯克
[法]法比安·卡塔罗斯 / 著
楼时钰 丁海娜 / 译

一本帮助你
让孩子
爱上学校的
指导手册

长江出版传媒 | 长江少年儿童出版社

图书在版编目（CIP）数据

父母问问题，大师来回答. 怎么让孩子在学校更加快乐 /（法）罗兰·塞弗斯克，（法）法比安·卡塔罗斯著；楼时钰，丁海娜译. — 武汉：长江少年儿童出版社，2023.5
ISBN 978-7-5721-3852-2

Ⅰ. ①父… Ⅱ. ①罗… ②法… ③楼… ④丁… Ⅲ. ①少年儿童—家庭教育—问题解答 Ⅳ. ①G782-44

中国国家版本馆CIP数据核字(2023)第056694号
著作权合同登记号：图字17-2023-063

FUMU WEN WENTI DASHI LAI HUIDA
父母问问题，大师来回答
ZENME RANG HAIZI ZAI XUEXIAO GENGJIA KUAILE
怎么让孩子在学校更加快乐

[法] 罗兰·塞弗斯克　　[法] 法比安·卡塔罗斯 / 著
楼时钰　丁海娜 / 译
责任编辑 / 马瑞芬　　黄　琼
装帧设计 / 康苗苗　　美术编辑 / 熊灵杰
出版发行 / 长江少年儿童出版社
经销 / 全国新华书店
印刷 / 广州市金骏彩色印务有限公司
开本 / 889×1194　1 / 32
印张 / 11.375
印次 / 2023年5月第1版，2023年5月第1次印刷
书号 / ISBN 978-7-5721-3852-2
定价 / 140.00元（全4册）

ET S'IL NE SE FAIT PAS DE COPAINS A LA RECRE
copyright 2020 by Editions Nathan, SEJER, Paris – France
Édition originale : ET S'IL NE SE FAIT PAS DE COPAINS A LA RECRE by
Roland Sefcick and Fabienne Cattarossi

本书中文简体字版权经法国Nathan出版社授予海豚传媒股份有限公司，
由长江少年儿童出版社独家出版发行。
版权所有，侵权必究。

策划 / 海豚传媒股份有限公司
网址 / www.dolphinmedia.cn　　邮箱 / dolphinmedia@vip.163.com
阅读咨询热线 / 027-87391723　　销售热线 / 027-87396822
海豚传媒常年法律顾问 / 上海市锦天城（武汉）律师事务所　张超　林思贵　18607186981

目录 CONTENTS

第一章
上幼儿园，孩子与父母第一次真正的分离

孩子年龄太小了，我很担心他入园后
无法面对这种变化！ 03

我不够信任学校，
我很担心没有足够的人来照看我的孩子！ 04

孩子入园前总是哭闹、情绪低落，我该如何安抚他？ 06

自从上了幼儿园，孩子的情绪变得不稳定，
回家后喜欢和兄弟姐妹打架，怎么回事？ 08

孩子出现了心理障碍，拒绝去幼儿园，
是因为讨厌老师吗？ 08

孩子上幼儿园了还没脱离尿布，这要紧吗？ 10

孩子的问题 11
◎ "你为什么不能在幼儿园里陪我？"
◎ "我不想在幼儿园里吃饭！"

第二章
融入幼儿园

入园三个月了,我女儿仍然没有朋友,
她总是一个人待着,这正常吗?   17

孩子的语言表达能力有限,
他仍然用"宝宝语"来自我表达,我该怎样帮助他?   18

孩子不跟我分享幼儿园里的事,这正常吗?   19

老师说孩子在幼儿园里很吵闹,
如何让他遵守幼儿园和班级的规则呢?   20

我不认同老师的教育方法和做法,该怎么办?   21

孩子的问题   23
◎ "为什么我必须一动不动地坐在我的椅子上?"

第三章
上小学,孩子需要遵守的"社会规则"

孩子对进入一年级有些焦虑,我可以帮他做些什么准备?   27

我感觉孩子对学校很不适应,
而且学校里发生了什么他都不跟我说,该怎么办呢?   28

我女儿早上总是不想上学,在学校也总是黏着她哥哥,
我该如何帮助她?   29

孩子对自己的成绩感到焦虑，
他很容易筋疲力尽并感到气馁，我该怎么安抚他？　　31

孩子在学校里无视纪律，经常蛮横无理，
无法融入班级，这说明了什么？　　32

我的婚姻出现了问题，
我感到影响了孩子的学业，该怎么办？　　33

孩子在学校被同学欺负了，我们应该做出应对吗？　　34

孩子的问题　　37
◎ "我不喜欢上课，因为上课总是不能说话，还必须服从老师。"
◎ "你为什么总是问我在学校里发生了什么？"

第四章
群体中的孩子

我7岁的女儿没有好朋友，
课间休息时她总是一个人玩，这正常吗？　　43

我的儿子因为和其他同学的兴趣爱好不同而被排挤，
我该如何帮助他？　　44

孩子在学校喜欢说脏话，他的朋友们也喜欢互相辱骂，
对此我该采取什么立场？　　46

孩子们喜欢在操场上玩危险游戏，
我担心我的孩子也会受影响，我该对他说些什么？　　　47

 孩子的问题　　　50
  ◎ "他是班级第一名，是老师的宠儿！"
  ◎ "我不喜欢这个老师，他总是不关注我。"

第五章
对学习的适应

孩子不爱学习，也不努力，我该如何激励他？　　　55

孩子严重偏科，我该如何引导他做出改变？　　　56

孩子跟不上老师的节奏，
有朋友建议我给孩子调整方向或者留级，我该怎么做？　　　58

孩子做作业总是磨磨蹭蹭，或者喜欢边看电视边做，
我应该怎么引导？　　　60

我担心学校的教学水平太差，老师的教学方法也不合适，
需要给孩子额外布置作业吗？　　　63

 孩子的问题　　　64
  ◎ "去学校有什么意义呢？那些不上学的孩子太幸运了！"
  ◎ "爸爸，我做不好我的作业。我该如何跟老师说？"

第六章
培养自主性和内驱力

孩子几岁可以独自上学？	69
班级有校外活动时，我要陪孩子一起参加吗？	70
孩子经常受罚，我该如何扭转这个局势？	71
孩子学习不自觉，没有时间观念， 我是否应该检查他的书包和作业？	73
孩子带着糟糕的成绩单回家，我该批评他吗？ 他会因此而气馁吗？	74
我女儿习惯性地贬低自己，而她的一个朋友则相反， 事事争第一，如何理解孩子的这种反差？	76
孩子害怕在课堂上发言，我感觉他的压力很大， 我该怎么帮助他？	78
我儿子刚刚经历了一次重大的失败， 这让他觉得很耻辱，我该如何支持他？	80

孩子的问题   82
◎ "妈妈，我害怕在初中学不好。"

第一章

上幼儿园，孩子与父母第一次真正的分离

当孩子离开温暖的家去上幼儿园时，他可能还没做好充分的准备就不得不向前迈进。每个孩子的适应能力不同，这和他是否生活在一个多人口的大家庭以及是否有集体生活的经验有关。但是不管怎样，入园后，他都得重新融入一个全新的集体，我们这时候该怎样帮助他，以使分离成为有助于他成长的、积极的生活体验呢？我们该如何来陪伴他度过这个阶段呢？

孩子年龄太小了，我很担心他入园后无法面对这种变化！

这些问题表现了父母因分离产生的焦虑，分离有时被我们视为一种遗弃的形式。一位妈妈说："这种感觉好像是我弃孩子不顾了。"另一位妈妈则补充说："我无法继续在办公室里好好工作。"这些本能的担忧证明了亲子关系的力量。然而，这种分离对于儿童的自我建构是必不可少的，它可以概括为两个方面：一个是本我，即心灵、情感纽带、对父母的依恋；另一个是自我，即身份、特征、思考环境的能力。

在孩子2～6岁这个阶段，他的发展主要集中在他的本我，即他的情感需求上。他们需要爱和安全感，需要依靠"父母的能力"来探索这个世界。而父母的这种能力既不能使人窒息，也不能毫无边界，它应该是温柔而坚定的，以保持一个稳定、持续的教育方向。

孩子越接近3岁，就越成熟，越能够承受分离并适应新的环境。那些年幼的时候就已经习惯上托儿所的孩子可能会更好地接受分离这件事，就像他的父母一样，但不管怎样他都必须适应一个不太有母性的环境。因为在这里，多个孩子要分享一个老师！当然，幼儿园时期，孩子也比他们在托儿所的时候更加独立。他将学会融入团体、接受规则和处理挫折感。

我不够信任学校，我很担心没有足够的人来照看我的孩子！

父母有这种焦虑是完全合理的。我们能否信任学校取决于对学校及其团队的了解，以及通过与学校之间的沟通和互动建立起的联系。因此，父母有必要对此投入一些精力。这种投入的缺失可能演变成焦虑，甚至变成一种不信任……同时也会让孩子和老师都感受到你的这种不信任。而认识和被认识会让彼此产生一种让人放心的关系——"我并不孤单"。

大部分父母的这种分离焦虑受到自己童年经历的影响。对分离有痛苦记忆的父母往往会比其他人更焦虑。虽然这种担心反映了你想保护孩子的愿望，但自我反省也很重要："我对孩子的这种担心合理吗？在我不惜一切代价要保护他的想法中，可能存在着引起负面影响的风险——会导致孩子对他自己失去信心。"

与之相反，如果父母对这种分离完全不担心或不在意，同样也会带来误解，孩子或许会将这视为你的不称职、冷漠，甚至感觉被你遗弃。在让孩子窒息的过度担心和让他孤立无援的云淡风轻之间，父母必须找到让孩子脱离困境并能健康成长的正确态度。这种态度的形成不是一蹴而就的，需要父母倾听孩子的意见并定期与其他的家人交谈，以便不断地进行调整，来适应孩子的需要和我们自己内心的状态（如疲劳、压力，还有夫妻关系、外在利益等）。

那么，父母需要做哪些准备才能让孩子更好地度过入园适应期呢？提前让孩子上半托班是否会比较好？

孩子的适应期不仅和父母的适应期有关，还取决于他们能否与幼儿园里的成年人尽快建立起信任关系。只有通过交流，无名的学校才能成为我们认识的地方，陌生的老师才能成为我们信任的人。如果可能的话，父母最好在孩子在场的情况下与孩子的老师、校长会面，这样做能让这些新成员更快地融入孩子的生活。而且对于这个年龄的孩子来说，他们已经能明白自己看到和听到的事物。因此，让孩子参与会面和会面前的准备非常重要。

在上幼儿园之前，让孩子提前上半托班也有助于他逐渐地、平稳地适应新环境，如果这可以提升孩子的安全感并且让家长放心，那这种过渡也是很不错的尝试。除此之外，我们应该注意到，孩子进入幼儿园是从家庭到社会的过渡。最开始是融入群体的阶段（2～6岁），然后是社会化阶段（6～12岁）。融入，是孩子在情感上适应一个群体的时期。能融入幼儿园的孩子将在一个被老师保护得很好的、让人放心的小团体中占有一席之地。然后，孩子可以求助于他人，并与他人建立联系。

孩子入园前总是哭闹、情绪低落，我该如何安抚他？

孩子进入幼儿园后，他将面对一个新的群体、一群同龄人和一些陌生的成年人，他必须努力地去适应新环境。而这种努力，在接下来的日子里，他不一定能坚持下去。对父母来说，孩子的哭闹听起来更像是一种责备："如果你们爱我，为什么要强迫我去幼儿园，让我难过呢？"

我们可以拿音乐来打个比方，就像好的和声需要事先调好乐器一样，这是一个需要在父母、孩子和老师之间找到平衡、达成一致的问题。解决这个问题关键不仅取决于我们与老师的配合、与孩子的配合，还取决于我们自己体验这种分离的方式。一个过度参与和焦虑的父母，是否比一个不那么紧张并很平静的父母能更好地帮到孩子呢?这始于我们自己,因为调出第一个"音符"的是父母。

即使有时孩子会感到悲伤和担心,但通常这种对幼儿园的恐惧会在几天或几周后自然消退,特别是如果父母保持坚定和温柔的态度,就能避免与孩子的焦虑产生共鸣。这样的立场能防止孩子退行(甚至用身体上的症状来逃避)。孩子将能由此获得支持,并感到安心。

如果他持续感到悲伤和排斥学校,那有些问题值得我们重新思考:这是孩子一入园就存在的问题吗?他以前就这样,还是后来才这样的?孩子是否经历了理想的适应期?

如果这种心理障碍持续存在,我们最好与孩子一起讨论,并尝试找出是否存在其他的客观原因。在和这个年龄的孩子谈论这个问题时,我们可以通过玩耍、绘画,以及讲那些可以引起共鸣的故事(如冲突、遗弃、孤独)的方式。我们还应该听听老师的意见或向专家咨询,而不是让情况陷入僵局。当我们自己陷入更深层的焦虑时,也有必要求助于第三方。

自从上了幼儿园，孩子的情绪变得不稳定，回家后喜欢和兄弟姐妹打架，怎么回事？

有时，孩子会不知不觉地在家里模仿他在外面看到的行为，或者在外面模仿他在家里无法传达的东西。这无疑是孩子的嫉妒、竞争、被他人忽视的情绪在起作用，需要成年人的细心察觉。为了通过这道难关，孩子需要测试"纽带"的牢固性，这个纽带就是你们之间的爱。他此时想去验证的是，他内心的暴力不会摧毁爱的对象。如果爱能在他的攻击中"幸存下来"，那么他就会觉得爱是牢固的，他就会放下心来。父母因此需要尽自己所能来包容、引导他，让孩子了解他自己行为背后的意义。那些情绪稳定、能理解孩子感受的父母，能让孩子觉得这是他很容易就能克服的事。帮助孩子成长，意味着父母需要陪伴他克服这些被认为是诱因的情感障碍。这些时刻建立的情感联结，对于父母来说，也是自我认识的源泉。

孩子出现了心理障碍，拒绝去幼儿园，是因为讨厌老师吗？

首先，当孩子出现这种心理障碍时，你要毫不犹豫地和孩子的主班老师会面，开诚布公地谈论你的担忧，以尝试找出问题的根源。如果孩子很难与你分开，你也很难与他分开，那带着孩子一起去见老师很重要，这样可以象征性地将老师融入你的家庭，让孩子感到安心，也将避免他在父母和老师之间产生信任危机。

其次，你为孩子设立的"框架"和"界限"也要开始起作用了。你需要审视自己对待孩子的方式，必须明确地说明规则，并向孩子解释清楚：你们的生活将发生变化，他必须去上学。很多时候，面对自然而然产生的与孩子分离的障碍，我们有时会倾向于宽容、放纵，想以此来避免给孩子带来痛苦。而大部分时候，我们的内疚感会使我们无法清楚地制定规则，也无法坚守我们的界限。然而这些是孩子成长的过程中必不可少的，你需要告诉孩子他正在成长，需要继续前进。

最后，请保持坚定而温柔的态度。但坚定并不意味着你要拒绝任何温柔的表示，恰恰相反，孩子们非常需要你的拥抱，他们渴望扮演小宝宝，或者在你温暖的怀里吮吸他的拇指。

孩子上幼儿园了还没脱离尿布，这要紧吗？

很多幼儿园的入园条件之一，就是孩子要学会独立如厕，不可以穿尿布。可是直到一年级，有的孩子还会出现尿裤子的小插曲，当然那只是例外情况。孩子一般在两岁左右就可以开始学习自己如厕。他将通过回应或不回应父母的期望来测试自己把控亲子关系的能力。若你保持放松，这第一个"测试"就会变得更容易——如果孩子没有立即达到你的期望，你继续不受影响地去要求他就可以。

开学的压力有时候会让孩子独立如厕的训练变得困难起来，但是孩子在入园前几天突然学会自己如厕的情况也并不少见。所以，如果孩子白天的如厕习惯还没有养成，你也不要急于求成，要适应他的节奏，这样他才能以良好的状态进入学校。如果这种情况持续很长时间，并让你非常担心，你可以和幼儿园的老师谈谈孩子的情况，并且及时咨询儿科医生或儿童精神科医生。

孩子的问题

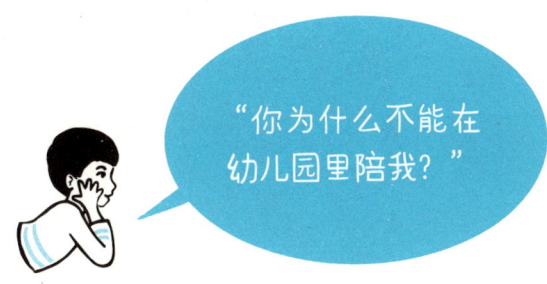

"你为什么不能在幼儿园里陪我?"

孩子刚入园时很难与父母分开,也不一定能明白幼儿园并不是单为他们设立的,父母是无权待在幼儿园的。这是因为孩子还没有清楚地将自己从他的原生家庭(即他的世界中心)里分离出来。

入园有助于孩子把自己从家庭中分离出来。这是一种学习,一条心理上迈向成熟的必经之路。我们心理的可塑性让我们时而放松,时而有所作为,然后慢慢才会在情感生活和社会生活之间切换自如。然而孩子目前知道的只有情感关系(即使他已经开始试着与你进行小规模的对抗),所以他必须学习建立其他类型的关系,那些没有让他那么受保护的关系。

孩子必须要去探索并适应这个多元的世界,有时他会说:"不要那么快,妈妈,慢一点,等等我!"为每个人找到合适的节奏并不容易,但重要的是,父母要给孩子足够的时间,并同时向他解释,分离不是离开,而是以另一种方式想象世界:在其他时间、其他空间与其他人相处,经历事情。从现在开始,他将去幼儿园里学习更多成长所必需的美好事物。

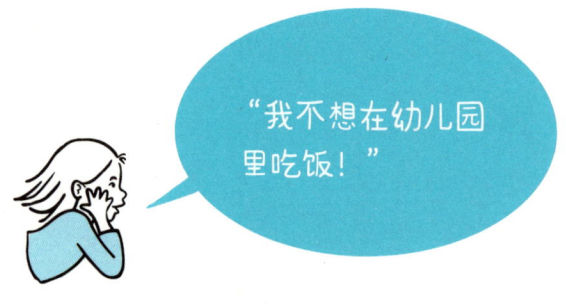

"我不想在幼儿园里吃饭!"

婴儿吮吸母乳或吮吸父亲拿着的奶瓶时,并不只是在喝奶,他还在品味着父母的眼神、对他说话的声音,感受着爱意、温暖和幸福。如果说孩子的身体能吸收营养,那他的精神也会吸收情感的养分。前者是发育身体,后者是发展自我。当孩子被父母抱在怀里时,他充满了信任。只有他感受到被父母的疼爱温柔地包裹着,他才能健康地成长。孩子入园后,在家里仍然是父母给他做饭,在吃饭的时候陪伴着他。相比这些独享的时刻,在幼儿园里用餐,尤其是刚开始时,似乎让人难以忍受。

孩子必须学会在集体中、在嘈杂的环境里吃午饭,并且要适应不总是那么合自己胃口的饭菜。但是,请相信孩子,当他慢慢地融入新的环境,并和其他孩子、幼儿园老师逐渐形成友好的氛围时,孩子也会在那里找到别样的满足感。

第二章

融入幼儿园

在孩子的成长过程中，上幼儿园意味着他第一次离开父母，要独自面对一个新的、陌生的、不同于家庭的世界。他和其他孩子待在同一个地方，同样期待着拥抱和认可。在这个新世界里，即使没有敌意，却也不像在家里那么舒服了，孩子将不得不站稳脚跟并探索新的事物，而在这个过程中，一开始他并不能完全明白发生了什么。所以，这并不是一件容易的事，他需要很多关爱，尤其是需要父母给他多一点时间。

入园三个月了，我女儿仍然没有朋友，她总是一个人待着，这正常吗？

在 5 岁之前，孩子可以独自玩耍，也可以和其他人或团体一起玩，而不一定要与他的同伴建立特殊的联系。这种现象很正常，因为他还在母爱的庇护下，除了妈妈，其他人对他来说并没有什么区别。孩子之间的和谐关系的建立，更多是与他们的游戏类型和见面时间有关，而无关个性和喜好。在这个年纪，孩子并不会像你一样因为他独自玩耍而担忧，在孩子看来，这完全是正常的，即使有其他孩子的陪伴，他也会自己一个人玩。

值得注意的是，如果孩子确实没有充分地融入集体，他可能会感觉到被孤立，这种孤立会转化出一种恐惧，而这种恐惧与他无法向你表达的被遗弃感有关。解决这种情况的最好方法就是让他一同参与你和老师的会面，这往往足以让他平静下来。如果真的有问题，老师也会提醒你的。但是，请你相信你的孩子——他的可塑性是惊人的。

孩子的语言表达能力有限，他仍然用"宝宝语"来自我表达，我该怎样帮助他？

每个孩子都以自己的成长节奏在不同的时期，以不同的水平在发展。一个在语言方面发展超前的孩子不一定在身体的发展上也超前，反之亦然。孩子成熟的过程也是时进时退，不是固定不变的。但是现在的社会倾向于促使我们去过度地刺激孩子，让我们在潜意识中认为，一旦过了某个时间段，孩子成长的缺失就无法弥补了。然而，并不是上学的第一刻就决定了孩子的一生。有些在基础教育阶段困难重重的孩子，也可以在高等教育阶段取得出色的成绩。还有些孩子逐渐施展出自己的艺术才能，这会让他们在成年后找到平衡，前提是他们需要有时间发现、认识自己，而不是被即刻成功的要求所束缚。

首先，你不用对他的语言发展感到心慌，因为与其他所有学习一样，孩子正在一步步全面地发展自己。其次，让孩子提高口语表达能力也是幼儿园教学的目标之一。语言是通过孩子与成人的安全关系发展起来的。随着孩子"脱离"家庭的环境，语言的交际功能就具有了伟大的意义。这个年龄段孩子的学习是通过玩耍和与人的联系来完成的。你的关爱伴随着词汇、故事、与其他人的交流，这都能使他在发展自主性的同时适应这种沟通和建立关系的方式。这将帮助他学会辨别语言，并将"宝宝语"与社交用语区别开来，然后知道后者将是被别人理解的必要语言工具。

如果孩子到了一定的年龄，仍然使用"宝宝语"或在某些发音上磕磕巴巴，也可能是他想要确认自己在父母心中的位置，并想通过扮演小宝宝来寻求你的关注——尤其在这个时间段，你对他的陪伴减少了。除去这一切因素，你如果还心存顾虑，不妨与老师谈谈你的担忧。老师会告诉你孩子在幼儿园的表现以及是否也存在同样的问题，如有必要，你还可以求助相关的语言专家。如果这些语言困难伴随着孩子身体上更明显的不适迹象，请咨询心理医生，他可以帮助你和你的孩子。

孩子不跟我分享幼儿园里的事，这正常吗？

孩子进入幼儿园后，开始了集体生活——父母已经不再能完全掌控这种生活。于是孩子在父母的掌控之外会进行自我身份和思想的建构。而在那之前，你对他一天的细节都了如指掌。

幼儿园的老师一般只给你一些简单的描述或讲一些简短的小事，而孩子的语言能力还不足，他无法在晚上给你复述他的一天。也许他经历了一系列事件，但是他无法把这些事直接联系到你的问题上。"你今天学到了什么？"——父母往往倾向于用问题来纠缠孩子，而他们没有想到，孩子可能并没有像父母一样那么急切地想去填补这白天的分离。

老师说孩子在幼儿园里很吵闹，如何让他遵守幼儿园和班级的规则呢？

父母通常很难意识到孩子在学校和在家里的状态是不同的。也许孩子在家里坐立不安，在学校却能很安静甚至很克制，或者正好相反。向你反映情况的老师正与你的孩子一起经历着这个特殊的情形，有时这种情形对老师来说很难熬。事实上，幼儿园里一个老师要管理几十个孩子，还要带他们学习。所以，那些在你看来，孩子在家显得有趣的事可能会给老师带来极大的困扰，让人难以忍受。所以父母要认真对待老师的反馈，但也不要小题大做。

我们不能指望幼儿园代替家庭去教育孩子，让老师行使家长的职能。孩子在家也必须遵守最基本的规则，这样他才能适应幼儿园里的生活。

如果你的孩子告诉你老师不喜欢他,那就要问问原因,并重新调整他对师生关系的看法。孩子有时会犯一些他们认为无关紧要的小错误,因此并不理解老师的惩罚。他的态度也会暴露另一种不安,我们要跳出学校环境去理解和对待他的这种态度。无论如何,父母有必要和老师以及孩子一起弄清楚情况,了解孩子这种态度的根源,找到原因。如果孩子一直我行我素,毫无改变,你需要与老师一起制定和协商在校内和家庭中对待孩子的方法。

我不认同老师的教育方法和做法,该怎么办?

接受我们的孩子被别人照顾得很好,这并不是件容易的事。在质疑老师的教育方法之前,重要的是,父母要先审视自己是如何应对这种心理上的分离的。同时,要观察这种来自另一个世界的对孩子的掌控,及其对自己造成的影响。其实当孩子出生后,这样的分歧就已经在夫妻之间发生:"你做得不好。你太严厉了!"或者"你什么都不让他做,你对他太纵容了,你要惩罚他……"

幼儿园的要求和家庭的要求不同，孩子必须像父母一样面对现实。在幼儿园，教学活动属于一种交流，孩子需要将其在不与情感交流混淆的情况下进行。比如，即使奶嘴和玩偶可以作为课间休息时安抚孩子的过渡物品，出现在幼儿园，但它们也不能经常被用来填补孩子内心的失落，抵御挫折感，因为积极面对失落和挫折，是创造和探索所必需的。如果孩子想要超越自我，就必须拥有良好的挫折管理能力。

为了支持这个创造性的过程，我们必须要让其他有不同个性的人（配偶或老师）也来参与孩子的教育。但要为他人留出空间并不容易，每个父母都有一种感觉：认为自己是唯一能理解孩子并保护他的人。所以，为了给其他人腾出空间，你必须从与他人交谈、倾听他人开始。这种对话最好在孩子不在场的情况下进行，以便你们能自由地谈论每个人的不同角色。我们还可以告诉孩子，我们将与他的老师讨论关于教育的问题，但不要在孩子面前批评老师，数落老师做得不好的地方。这些经历能让孩子明白，成年人之间即使有不同的意见，也可以愉快地相处。由此，孩子将能够接受自己与他人的差异，并肯定自己的个性，而不担心被人排斥。孩子不需要他身边的所有成年人都以同样的方式行事。最后，他还需要在不同成年人的这种多样性中，找到一致性和信任感。因为大多数时候，最困扰孩子的是成年人之间的矛盾和相互诋毁。

孩子的问题

"为什么我必须一动不动地坐在我的椅子上?"

这个年龄段的孩子,他所有的情绪都是通过身体活动来表达的。当这种自由的活动突然间不被允许了——孩子必须适应一个群体和一些无法立即接受的规则,这时候孩子通常难以理解这些规则建立的目的。

孩子被坚决地要求服从这种约束,那孩子就没有办法施行缓解自己紧张情绪的有效手段。同时,为了适应幼儿园所必须付出的努力,又加剧了孩子的紧张情绪。所以,对于天生好动的孩子来说,训练自己把精力投向人际关系或思考的活动,这尤为困难。

我们前面已经提到"温柔而坚定"的重要性和它安抚人心的力量。事实上,一个得到父母和老师安抚的孩子将不再那么需要用发泄体力(如跑步、跳跃、大喊、攻击等)

来控制他内心的紧张和焦虑。孩子将以自控的努力逐渐使他的行为和精力导向与他人的关系、需要思考和控制力的活动（写作、绘画等），逐渐适应幼儿园的规则并融入环境，使自己具备今后能够在学习中走得更远的基本能力。因此，孩子的能量——以前只用在肌肉上，现在将投于其他领域，并发展出新的能力。

然而，还有一些孩子，他们无论在家里还是在学校都很难平静下来。除了不停地跑动、喊叫和时不时的暴力行为外，这些孩子"没有别的办法"来释放他们的紧张情绪。对此我们应该与心理学专家一起来探究这种行为的根源。因为，从长远来看，这样的行为会导致注意力、理解力（由于注意力不稳定）、记忆和学科架构的问题，从而妨碍孩子的学习，其中最先受影响的方面是算术和阅读。

第三章

上小学，孩子需要遵守的"社会规则"

小学一年级时，孩子必须学会读、写和计算。这种教学目标设置的必要性将改变教师的母性化职能，从而使之更偏重于纪律、考核和惩罚。与此同时，孩子承受的压力会增加："你长大了！你不能再这么做了……"他开始探索社会及其规则。除此之外，孩子还会发现自己的品质、长处和短处，以及与他人的差异所在。

孩子对进入一年级有些焦虑，我可以帮他做些什么准备？

这个新的开始对于孩子来说确实很可怕。因为一个不同于幼儿园的世界，一个必须去适应的新世界，突然在他们面前打开。而这个新世界里的"游戏规则"变了，他也必须了解新的规则。首先，在这个年龄段，对于孩子来说，父母的"内化"存在非常重要，它是家庭和学校之间的桥梁。为了让孩子将"内化的父母"带到学校，父母在他的眼中应当是学校的熟人。如果父母熟悉这个新的世界，孩子就能更好地融入它。因此，父母有必要行动起来，参与到这个新世界里。其次，父母审视孩子当前的处境也同样重要：孩子在另一所学校，与其他人一起，在另一个时代。

想让孩子做好准备，父母需要先让自己做好准备。你有必要重新了解学校、与老师会面，以及让孩子参与其中，并将自身融入学校的规则和价值观中，以了解孩子将经历什么以及我们对他应有的期望。然后，我们应向孩子解释这些期望。这样孩子就知道这个世界对你来说并不陌生，你会了解他的发现。如此，你将会成为"内化的父母"，伴随在他左右。

当孩子带着"内化的父母"进入这个新世界时,即使他仍在摸索、担心,但他不会感到孤独,而是充满信心,甚至会因为自己能走进"大孩子们"中而感到自豪——特别是当幼儿园和小学部在同一校园中时。父母给成长中的孩子足够的重视既可以让他感到安心,同时也会让他保持适当的压力感——当我们面对新事物时,这种紧张心理有助于我们采取行动。

我感觉孩子对学校很不适应,而且学校里发生了什么他都不跟我说,该怎么办呢?

有时,孩子将学校这个外部世界和家庭这个内部世界完全分开——好像两者之间没有通道。在家里,他对在学校里度过的一天只字不提,被独自送去学校的孩子,似乎同时把父母也独自留在了家中。

两个世界的压力会让孩子喘不过气来,当他无法协调两者时,就会用自己的方式自我保护。他笨拙地试图单独管理每个世界,甚至会根据自己的经历进行编造,用夸张、说谎的方式来放大自己的感受。很显然,他需要父母的帮助和情感上的支持。

在对孩子的话做出反应或提醒他缺乏规划之前，建议你先尝试在家庭与学校，在你和老师之间建立一条通道，来"驯服"当下的情况（"驯服"引于圣埃克絮佩里的《小王子》，即建立情感联结）。这样孩子才能得以立足于需要沟通的两个世界之间。当父母成功地在这两者间架起一座桥梁时，孩子会找到内心的安宁。对孩子来说，他"驯服"了学校，并允许自己被学校"驯服"。这也许不是一次就能实现的，需要慢慢摸索、寻找。当下最重要的是不要让你的孩子独自承受这种压力，以及被迫独自去应付当前的困境。

另外，和孩子一起为第二天上学做好准备也很重要。我们可以提前准备一些小仪式，让孩子花时间准备学习用品，从而找到它们的意义，让它们可以作为家与学校之间的一种纽带、桥梁，成为两个世界之间的媒介。

我女儿早上总是不想上学，在学校也总是黏着她哥哥，我该如何帮助她？

从幼儿园到一年级会有很大的变化。小学的老师不再像之前幼儿园里的老师那样母性化，他们更多的是期望孩子学习知识和进行社交。这种社会化其实从孩子五六岁就开始了，它本质上是一个适应群体的情感过程。这种融入受到规则、约束（日程、指令……）的制约，但这些都是孩子本能抵触的，因为他们的快乐很难与约束共存。我们要明白，孩子并不知道规则是什么。如果他顺从了，那是因为成年人让他这样做；如果他听话，是因为他不想惹上麻烦，或者他想被成年人喜欢。

孩子如果不能与兄弟姐妹分开，拒绝回学校，那是因为他难以远离那些让他感到安全的人或事。因此，此时重要的是我们先要自省，想想自己是否给孩子足够的安全感了，是否足以支持他去融入新的集体。只有让他感到安心，他才能更好地适应规则。

有时，情况可能相反，孩子融入得还不错，但孩子会故意考验你的坚定性或者他们害怕跨越障碍。面对这两种情况，你都需要通过展示自己保护者的姿态和坚定态度来帮助他克服障碍，或者当他还不知道自己能做到这一点时，给予他鼓励："相信自己，你可以往前走！"

孩子对自己的成绩感到焦虑,他很容易筋疲力尽并感到气馁,我该怎么安抚他?

孩子的这些负面情绪和态度都反映了他内心的一种恐惧感。面对恐惧,孩子可以选择逃跑或者去参与战斗和竞争。但是面对竞争和对学业失败的恐惧又会增加他的焦虑。因此,从中期或长期来看,疲惫和失败是可怕的。

焦虑的孩子是一个没有安全感的孩子,他会因为成人的期望,以及他与学校之间存在的隐形契约而感到不安。所以,父母需要与老师会面,以充分了解老师的期望,然后向孩子解释这些期望,以此发展出一种值得信赖的三角关系,这会对孩子极有助益。

除此之外,孩子还可能会陷入紧张的家庭关系(亲人吵架、父母分居等)中,这都会使他感到不安。不管遇到什么情况,父母与孩子以及孩子的学校团队保持积极的沟通,都会对孩子有帮助。所以,父母很有必要调动一切可用的资源去帮助孩子,而不是让孩子独自陷入困境。作为一个负责任的监护人,你和孩子的老师一起努力,这本身就向孩子展示了,在让他害怕的成年人的世界里,你和他都有自己合适的位置。

孩子在学校里无视纪律,经常蛮横无理,无法融入班级,这说明了什么?

缺乏安全感的孩子通常会表现出三种有迹可循的症状。首先,是行为肢体上的表现:容易激动、兴奋,使用暴力,或者相反,过于平静、压抑;还可能出现身体症状,即由精神原因引起的身体疾病(呼吸问题、皮肤问题、消化问题、泌尿问题等),以及常见的和反复发作的疾病。其次,还有孩子表现为情绪化:悲伤、沮丧、认为自己不被爱、贬低自己、退缩、易怒。最后,还有可能表现出认知障碍:学习、理解、记忆和专注都很困难。

如果这些症状持续的时间超过三个月,并影响到孩子及家人的生活(父母对孩子的不当行为或成绩不佳而发生争吵……)时,就应该注意。它们应该被视为孩子的行为背后有更深层问题的信号。出现这些情况时,最好带孩子咨询校内的心理老师或去医院咨询心理医生。

我的婚姻出现了问题，我感到影响了孩子的学业，该怎么办？

如果父母的婚姻出现了问题，即使父母没有表现出任何异常（或者迹象），但孩子是非常敏感的，他们还是能感受到家庭出现了问题，此时他的安全感会受到损害。比如，与家人的分离、亲人的逝去、弟弟或妹妹的出生都会导致孩子内心紧张，这些紧张状态有可能集中在父母忽视的地方。它们有时是隐蔽的，难以觉察却又真实存在。

此外，压力大、过度劳累、抑郁的父母也可能会无意中和孩子互调角色。他们无形中要求孩子表现得像一个成年人，来当自己的参谋、知己，或让孩子参与不适合他这个年龄的决定，让孩子去当"父母的父母"。

这些家庭功能的失调通常是悄无声息的，即使它们在其他人眼中非常明显，父母本人也难以承认。若有人提醒他们，他们通常会把这些话当作别人对自己家庭生活的干涉。离异或者分居的父母更需要做出艰难的努力，要将夫妻与父母这两种身份区分开，并且要保持后者的连贯和稳定。但对许多父母来说，这种状态仍然是理想化的，并不容易做到。有时候，这种处境下的父母，可以借助外界力量的陪伴和帮助去解决问题，这对于调节紧张的氛围，并维持稳固的亲子关系极为有益。

除此之外，父母最好尽可能简单地向孩子解释当前家庭的紧张状态或困境，而不是把他当作一个成年人，毫无顾忌地向他透露一切。要告诉他，现在的情况不是他的责任，也不会改变他作为孩子的事实，更不会改变他与父母的关系。父母应该尽量让孩子能够将精力重新投入学业中。所以，保护你的孩子并不意味着对他隐瞒一切或者告诉他太多，而是给他恰当的信息，让他相信自己在家庭中的位置，并让他明白、理解你的感受。

孩子在学校被同学欺负了，我们应该做出应对吗？

在一个群体中，冲突是不可避免的。在某种程度上，孩子之间的一些争吵也是社交的一部分。孩子必须在集体中找到个人标识，才能得到同伴的尊重。所以，希望看到孩子逐渐独立的父母，在干预之前必须先评估风险和问题再做决定。通常情况下，偶尔发生的肢体冲突不一定是负面的，甚至有时，孩子满怀自豪地获得的黑眼圈比需要更长时间才能治愈和忘记的羞辱更有积极性。但如果这种情况持续了很久，孩子被霸凌是真实存在的，那么父母就应该重视。

面对孩子被欺负，父母的反应是因人而异的，有的甚至可能变得极端。有的父母会立即站在自己孩子这边，直接去操场上威胁攻击者，甚至要去找对方父母打架，因而造成成人之间出现同样的敌对局面。另一个极端则是无所作为，让孩子自己处理。前者会让孩子困惑，后者则会让孩子感觉如同被遗弃。每个父母都会倾向于根据自己的童年经历做出反应，因为在子女遇到相似情况时，他们幼年的记忆很容易被重新激活。

正确的对策要考虑父母、孩子、校方（尤其是负责保护孩子的老师、校长）和对方父母的感受。哪怕发生的事情很容易让人冲动，父母也必须先克制自己，让自己冷静下来，不要去纠正攻击者或威胁对方父母。做决定时还要多倾听孩子的想法，这非常重要。如果孩子受到霸凌（殴打、勒索）并且没有做出反击，则必须尽快向老师报告情况，或要求和老师一同与霸凌者的父母会面。如果孩子能用自己的力量和想法来解决问题，那就支持他，并在他对抗霸凌的过程中给予一些简单的建议。我们要注意，不要轻易代替孩子去行动，这会阻碍他融入群体。

如果孩子感到足够自信，我们还可以与他一起考虑解决方案并探讨如何实施，让他亲自去处理被欺负的情况。父母对孩子的支持、倾听，都可以帮助孩子发现自己有能力解决很多事情。

—— 孩子的问题 ——

"我不喜欢上课,因为上课总是不能说话,还必须服从老师。"

孩子步入小学后,规则开始优先于快乐和游戏。在这个阶段,孩子逐渐变得有个性,他们在专注和思考的基础上发展自己的能力。然而,这个阶段对于非常活泼好动的孩子来说并不容易,他们必须保持稳定的注意力。一旦他们无法专注于课堂,就会受到警告,甚至惩罚。而那些精力旺盛的孩子尽管受到惩罚,可还是不能找到这种因为内心无法平静而缺失的注意力。从根源上讲,这类孩子需要通过动来动去来驱走焦虑感,但是,在课堂上这样做是被禁止的,那么他能转移的就只有他的注意力了。他的思维跳跃,一会儿一个想法,一会儿一个动作;他的思想混乱,导致他无法安静地参与教学活动。

有时候,这类孩子还可能会因为无法接受课堂规则,而通过搞笑或表现出令同学们震惊又着迷的傲慢,去树立他小叛逆者的形象。但如果他无法跳出这个陷阱,就很难保证有稳定的学习成绩。对于他们来说,有情绪稳定的父母的陪伴很重要,这始于家庭。

"多动"往往反映了孩子的注意力难以集中的问题,一些课外活动,如体育、艺术和放松的活动,都是很好的平衡元素,让孩子多多参与这些活动也有利于帮助他们集中注意力。

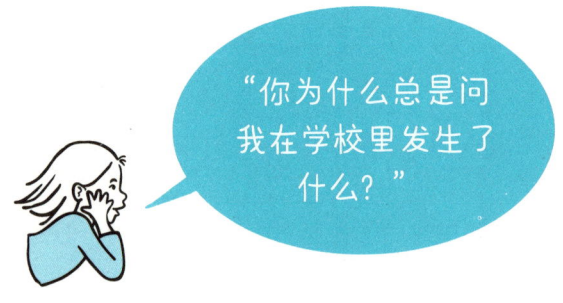

"你为什么总是问我在学校里发生了什么?"

孩子通常并不知道你对他在校时所发生的事情是一无所知的,因此你问他"在学校发生了什么",他很难明白你的问题的含义。此外,孩子一开始什么都不说,并不是因为他无话可说,或者什么也没做、什么也没学到,而是因为在放学回家后,孩子们通常想要并且需要先玩耍,或转向其他轻松的事情。而且有时,孩子将当天发生的事情保密,这也有助于他建立自己的内心世界,他并不一定希望你以任何方式进入他的个人世界。我们应该尊重他的个人空间。如果你确实很想了解孩子在学校的情况，你可以表现出你对他正在经历的事情感兴趣，然后通过一些与学校无关的小问题，一步步地观察他的情绪。

在日常生活之外，父母应该多关注孩子的学习，以及他创造的东西和他喜欢的事情，尤其要利用好与老师会面的机会。多让孩子参与这些会面，并及时表达你对他的自豪感，这将会鼓励孩子继续前进，同时也会让你在适当的环境中了解他在学校的生活，发现他的进步，而不会侵犯他的个人空间。

第四章
群体中的孩子

从幼儿园开始到青春期前，孩子会以各种各样的方式体验在集体中的生活。在这个成长过程中，他们通过将自己与他人区分开、发展自己的个性来使自己脱颖而出。可与之矛盾的是，他们又同时想寻求与所在群体的"共性"，通常他们会通过说话方式、着装、喜好、音乐的选择来证明这一点。

我 7 岁的女儿没有好朋友,课间休息时她总是一个人玩,这正常吗?

在 6 ~ 10 岁这个阶段,孩子开始建构他的人际关系,他会感觉到友谊的缺失。

去朋友的家里用餐,玩小伙伴的玩具,彼此去对方家中过夜,认识别人不一样的爸爸妈妈,这是多么令人愉快的经历啊!孩子体验到了自我的建构——一个"与他人不同"的自我。他把自己从家庭里分离出去,同时又将朋友们融入其中。但此时,家庭群体仍处于孩子世界的核心地位。

慢慢地,孩子与他人的情感联系变得没有那么绝对,也没有那么排他。孩子自我保护的情感圈仿佛打开了一个出口,像是一个情感连接的"通道"。这个通道有时很狭窄,孩子必须非常努力才能走出去(与人建立交流),哪怕这个成长的过程会让孩子甚至他的父母感到有些担忧。这个时期,一个孩子想要自己玩或者独处,这也是很正常的。可如果他总是一个人玩,没意愿也不能够和其他人进行互动,特别是当这种情况持续了很长时间时,父母就必须提高警觉。

一个没有朋友的孩子,他被困在"我不喜欢和别人玩"

的心态中，这是他面对未知事物时的一种自我保护。一般来说，这种不健康心态的核心是对具有攻击性的人的恐惧，或更广义地说，是他们对成年人的恐惧。如果父母坚持要和孩子直接讨论这个问题，往往会让孩子感到内疚，因为他会觉得自己让父母失望了。此时，我们最好借助其他媒介来帮助孩子表达他的不安，比如绘画、游戏和其他活动……允许孩子通过语言以外的方式来表达他还没有掌握的概念。这样的媒介既可以减轻父母的焦虑，还能进行亲子游戏，建立亲子对话，例如玩桌游时，父母可以找到和孩子顺利沟通的机会，孩子将能够直接或间接地说出心中的担忧。

我的儿子因为和其他同学的兴趣爱好不同而被排挤，我该如何帮助他？

有人说："孩子们是残忍的。"事实上，他们在嘲笑、挑衅别人时，并不清楚自己的行为会产生什么影响。我们通常会看到，在集体中，一个与众不同的孩子会让其他孩子吃惊，被他们疏远，有时候孩子们还会嘲弄他，甚至去殴打他。相比之下，大部分孩子更愿意接近他所熟悉的事物。孩子们之间的关系模式也是多变的——前一天他们可能还是好友，第二天就成了敌人，再过一天又和解了，这种情形司空见惯。孩子的情绪表达与他们的情感强度一致，无论那是友情还是敌意。这种情绪上的痛苦会让孩子难以忍受，但这种痛苦情绪比起潜在的不安情绪更容易表达出来，因为他可以说出事情发生的经过："保罗说我是个笨蛋，他不想让我加入他的足球队。"孩子经常会通过戏剧化的方式表达他在生活中的感受。在这种叙述的过程中，孩子能逐渐正视这件让他震惊的事。

对于孩子来说，父母并不是富有同理心的朋友，他们不能进入孩子心中的戏剧性的角色。同样，父母的立场也无法让他们即刻与孩子产生共鸣。所以，孩子更希望父母从成人的角度来调解这件事，不轻视也不夸张。不过值得注意的是，父母的话语不应当取代孩子自己去尝试解决问题的行动。另外，与孩子交流并帮助他清晰地表达自己的感受，也十分重要，这能使他在这段与人交往并认识自我的旅程中不断地成长，并在这条坎坷不平的道路上，留下一个个进步的脚印。

孩子在外面经历的冲突并不完全是消极的。父母陪伴孩子成长，也并不是要帮他清除他所面临的一切障碍，而是要通过倾听和沟通来接纳他的经历，帮助孩子找到适合他行为方式的解决方案，以及陪他们顺利度过这些阶段。这些都可以增强孩子的自尊心、安全感和内在的自信。当孩子在心中带着父母的陪伴去上学，哪怕受到欺负，他们也能够正视自我而不会被打垮。所以，我们与孩子保持沟通就是一种陪伴，他们会感觉我们好像"陪"着他去上学，并一直在他身边默默地支持着他们。

有时候孩子在外遇到冲突后会保持沉默，是因为他感到害怕或者羞于启齿，所以我们要留意孩子的话，以及他的沉默和他的态度。孩子身边熟悉的成人，如叔叔、阿姨或祖父母有时更能获得孩子的信任，从而也能成为我们必不可少的助力。

孩子在学校喜欢说脏话，他的朋友们也喜欢互相辱骂，对此我该采取什么立场？

孩子在家中的一些让父母感到震惊的话语和行为，对一群少年来说往往是正常的。他们的口头暴力并不会真正影响当事人。但重要的是，我们应该提醒孩子，在家中必须遵守一定的礼仪规则，这与他们在学校时有所不同，你可以和孩子表明你的态度："你和朋友们在一起，想怎么说就怎么说，但在家人和熟人圈子里，这样的语言是不允许的！"

然而，孩子接近青春期时将不可避免地经历一种"文化转换"，他们会渴望通过拥有一些群体的特定符号来融入朋友圈，并被大家认可，而父母觉得他们那些不文明的语言往往就是这些符号的一部分。这是正常的现象，但孩子不应该只有这一个参照标准。因此，除了这个在学校组成的小团体之外，父母需要为孩子提供其他的关注点，可以引导他们加强在其他文化领域（艺术、自然、体育）的发展，以此拓宽他们的见识和心胸，使他们将来能更好地、自主地去发展兴趣爱好。

如果说学校的功能是教学，那么家庭的作用就是进一步传播知识。我们自然不希望强硬地给孩子灌输过多的信息和文化，最重要的是我们要重视他喜欢的领域，与他一起讨论，并向他解释那些他不喜欢或不了解的领域的重要性。将来，这些他们曾探索的领域可能会成为他艺术生涯或职业选择的助力。

孩子们喜欢在操场上玩危险游戏，我担心我的孩子也会受影响，我该对他说些什么？

在很多情况下，一个孩子为了不在朋友面前丢脸，不被评判或排斥，他们会选择随波逐流，模仿这个群体的行为而忽视考量这些行为是否恰当。因为无论在什么年纪，来自群体的压力都是巨大的，所以我们必须具备一定的力量才能把自己从群体中分离出来。而这种力量，我们能在自己身上找到，也能在其他参照群体中获得。一旦获得了这种力量，我们不再会因为孤独而渴求关爱，它会让我们更加独立，更不易受外界的影响。

对孩子来说，这个参照群体就是他的父母和家人。孩子的内在力量将取决于家庭关系的质量，它可以与朋友的影响抗衡。这种内在力量离不开家庭内部的对话，父母需要提醒孩子注意这些诱惑的危险。

青少年必须抵制一些危险的感官体验，比如烟草、毒品、过早的性行为、超速驾驶等。这些诱惑会妨碍他们用充足的时间来建构一个敢于探索、有理想、充分发展并且有爱的能力的自我。所以，比起活动本身的诱惑（包括那些显然不能忽视的危险游戏），父母更应该关注孩子太容易被一个群体影响的风险。总有一天，这种倾向会剥夺孩子自我抽离、对危险或过早的尝试说"不"的能力。这就是父母不应该把适应群体的能力和容易被群体控制这两者混为一谈的原因。

当你看到操场上孩子们热衷于玩危险游戏时，和孩子谈论操场上或其他地方潜在的危险当然重要，但这不是几句话就能立马解决问题的。事实上，如果孩子有正确的价值观，家庭成员与他经常有积极的交流，那么预防措施或相关知识就会在这片已经耕耘过的土壤上生根。即使此刻孩子好像并没有把父母的担忧和建议听进去，但他也已经具备一些判断力和自我保护能力，或至少让他有注意保持距离（哪怕是在心理上）的能力。这个距离可以让他不至于完全被情绪冲昏头脑，进而导致冲动的行为或者只想把别人比下去。

孩子的问题

"他是班级第一名,是老师的宠儿!"

孩子说出这句话的时候,首先已经表明孩子对每个人在集体中所处的位置非常敏感,并且他很在意如何能使自己在成年人的眼中与众不同。而就老师而言,他一定会关注学生的成绩,即便不可以有个人偏好,老师也很难不奖励获得好成绩的学生,不指出成绩差的学生的错误。

其次,这句话更多是涉及群体中正在发生的事。老师面对的这群孩子正值学龄,很容易情绪化。他们在这个年龄段,每个人都被贴上了一个很难辩驳的标签:可爱的、逗趣的、友好的、爱告状的、爱撒娇的……这些"标签"会影响孩子在群体中的"地位",以及他和其他孩子之间的亲疏关系,同时也让孩子们逐渐学会如何在群体中自处。这种学习很有必要,也很重要,因为它将孩子置身于一个复杂的、社会化的环境中。正是在这种背景下,每个孩子特有的身份出现了,他们必须融入家庭以外的这个群体。

孩子在群体中的这种形象,将叠加在每个人的个人感受上,甚至连老师也无法幸免。比如老师可以通过一种简单的态度、一种说话方式或一个衣着细节,就轻易地成为被孩子模仿的偶像抑或被他们对抗的敌人。

"我不喜欢这个老师,他总是不关注我。"

孩子说不喜欢某个老师,通常是因为一系列复杂的感受造成了这种反应。这可能源于孩子与同学之间的关系,如竞争、服从、嫉妒等;或者源于孩子在群体中的位置。这些都会影响他对老师的看法。孩子的一句"我喜欢这个老师"或"我不喜欢这个老师",就足以让他积极对待或者抵触老师的教学方法。

父母与孩子谈论老师的角色，无疑比从一开始就试图纠正他对老师的态度和看法要简单得多。因此，调节师生之间的影响，减少师生间的依恋或敌意，避免彼此间互动的过度和缺失，这些都需要父母作为桥梁介入。

第五章

对学习的适应

大部分父母对子女都有很高的期望，而学习往往是家长和孩子必须经历的第一个社会考验。入学后，孩子将被与父母之爱无关的外部标准所评估，父母也要接受学校和老师的反馈（这是有必要的）——孩子并非在所有方面都完美。正是在这些交流中，父母的期望才得以明确，并能根据孩子的能力和成熟度加以调整。

孩子不爱学习，也不努力，我该如何激励他？

事实上，孩子出于本能会自然地寻求进步（除非他们感到沮丧或焦虑）。但他们为成长所做出的努力并不总能被成年人察觉。我们可以看到那些想抓东西或学走路的幼儿，只要身边有人陪伴，即使失败了他们也能够重新开始。孩子更喜欢通过游戏和娱乐的方式来创造、发现和理解这个世界。

而在学校里，孩子面对的是抽象而遥远的期望，并且这些期望并不总是他们所能理解的。除非他们有某些方面的天赋，渴望得到一些东西或者害怕让父母失望，他们才会特别努力或焦虑。孩子们更喜欢玩游戏和选择他们自己喜欢的活动。因此，让他们努力学习学校里的知识是有困难的。

最初，孩子都会因为想要取悦父母或想要得到父母的认可，而去努力地学习（这里也可以将老师代入父母的角色）。此时，父母能依靠这个初始的驱动力来鼓励孩子，并促成孩子们最初的积极体验。孩子不仅能在合理的挑战中找到乐趣（"是的，这有点难，但你能做到"），还能在完成这些可以使他们取得进步的任务后获得满足感。父母可以通过强调他们的成功（即使那并不完美）而非挫败来激励孩子，并帮助他们建立自信心。

与孩子一起享受学习、想象和自我转变的过程，并帮助他们主动去思考，这将使他们找到学习的意义，与此同时，还能帮他们将其与所学的学科建立联系。有时我们会听到有些父母说："我帮不了我的孩子，我的数学一直很差！"其实，我们需要帮助孩子的并不在于学习的内容，而是在于如何让孩子与知识之间保持联系，以及激发他运用知识的主动性。要知道，往往是未知的事物在让孩子恐惧。如果你想要让孩子感到安全，就要帮助他们在探索的过程中体会到快乐，让他们爱上学习。

孩子严重偏科，我该如何引导他做出改变？

孩子对某些学科有天赋吗？比如数学天赋？这个问题很难下定论。除了遗传因素外，不可否认的是，某个学科是否会抓住孩子的心，还取决于与这门学科相关的知识的传递方式、孩子从中获得的乐趣、老师的积极性、家庭的陪伴，以及家人在这个学科领域的兴趣。

父母的教育方式也会影响孩子对某一学科的兴趣，即父母在日常生活中教育、组织、转化学科知识的方式越好，孩子就越能适应学习。比如给孩子寻找合适的学习资源、让孩子投入时间去理解和巩固知识、将知识融入家庭文化、肯定练习的意义……

孩子对某个学科的"不喜欢",往往是因为他在学习的过程中遇到了困难。为了避免失败,父母可以根据孩子的能力来调整自己对孩子的期待和支持。比如,如果孩子不喜欢阅读,你可以尝试这么做:制定适合孩子水平的阅读时长;和孩子一起找到有趣的阅读方法或他感兴趣的书;经常给孩子提供新题材,但不强迫他。当孩子找到了感兴趣的书,父母就应该支持和鼓励他,即使这些书的主题和内容与你的喜好相去甚远。

此外,在如今这个信息化时代,孩子们接触了大量的电子产品。看电视和玩电子游戏更是成了孩子娱乐生活的一部分,它们为孩子提供了即时的满足感,并让孩子误以为学习也可以由外部的神奇力量来完成,于是一遇到困难,孩子就很容易烦躁和退缩。为了让孩子体验到延迟满足(比如学习),孩子必须在和成人的联结中,找到他与世界的另一种关系,这个过程也伴随着孩子心灵的成熟。所以,父母的参与是必要的,父母需要帮助孩子提出问题,找到不同信息之间的关联,教他们学会用语言文字表达概念,并让孩子逐步建立起他们自己的表达方式。

因此，我们必须重视所有的学科，避免在孩子面前有消极的暗示和自我设限的语言，特别是像"我们家的人都不擅长数学，这是遗传的"，这样的话语只会阻碍孩子的发展道路，或者引起孩子的内在冲突——如果他碰巧对数学感兴趣。

孩子跟不上老师的节奏，有朋友建议我给孩子调整方向或者留级，我该怎么做？

让父母评估自己的孩子通常很难，况且这也不是父母的职责，评估孩子的学习能力应由学校负责。然而，父母需要对孩子学习脱节的迹象保持警惕，特别是在某些特定的时期更需要注意，如学习节奏紧张时、青春期、假期前几周、有特别的事发生时。如果孩子的低落情绪是暂时的，请帮助他们表达出自己的感受。此时父母的关注会让孩子放松，并帮助他们克服困难。

有时候孩子在学校里可能真的会感到无聊，这要么是因为他已经学过老师所教的内容，他觉得过于简单，要么恰恰相反，他觉得学习太难了，从而丧失了信心。如果这种情况持续存在，父母可以通过与老师的会面，了解孩子在校的真实情况，然后将孩子的真实体验与他们在课堂上的表现进行比较。情绪因素通常会使孩子陷入困境，让他感到困扰。这时候父母应和他一起探讨痛苦的可能来源。如果困扰仍然存在，还可以带孩子求助校内的心理老师，让他们评估困扰孩子的根源，看是来源于他们的认知，还是情感方面的因素。孩子的学习一时有困难，或暂时落后，这并不一定表明其能力的缺陷。相反，我们可能会发现一个虽然有天赋但未能融入环境的孩子。

无论孩子的学习进度是超前还是落后，父母都应该仔细考虑学校提供的不同方向，看看哪些建议是值得参考的。

对于一个学习进度超前的孩子来说，提早进阶有可能会很好地激励和培养他，但也有可能给孩子造成过大的压力，使他焦虑甚至失去动力——因为孩子会认为自己逾越了学习的规律。对于学习落后的孩子，留级或许可以让孩子安心，重新恢复自信，但也可能进一步强化他对学业的消极印象，促使他放弃。此时，父母要与老师、配偶、你的孩子或外部专业人士进行一系列沟通后，才能看到不同的利害关系：孩子与他自己、与他所在的团体、与学习以及与教师们的关系。然后再去仔细区分孩子的认知水平、融入群体的程度及其成熟度，这样你在做决定时就能尽量远离自己的主观判断、骄傲或失望的情绪——在这些情况下此类情绪都是非常容易产生的。

事实上，孩子经常被父母视为自己生命的延伸，因此在某种程度上，孩子常常不知不觉地被父母要求在他们自己曾失败的地方取得成功。我们要谨记，无论我们的感受、经历、情绪如何，最重要的是孩子能茁壮成长并继续建构自我和自尊。

孩子做作业总是磨磨蹭蹭，或者喜欢边看电视边做，我应该怎么引导？

经过一整天的专注学习后，孩子想要玩和放松是非常合理的。放学后，孩子需要透透气，享受一段自由的时间来消除一天积累的紧张情绪。

原则上，小学低年级段禁止布置家庭作业。而实际上，许多学校会给孩子提供课件作为复习资料，甚至布置一定的家庭作业，要求孩子必须获得学习的自主性。然而孩子在上学的最初几年，几乎没有时间的概念和感知能力。当他们玩的时候，对最后期限和流逝的时间并没有什么切身的感受。所以，父母要尽可能提供明确的准则和固定的仪式，以使他逐渐内化这些规则。比如，在孩子准备做作业之前，建议你先给他设定一个固定且合理的空间和时间。如果你要求孩子停止游戏，先来做作业，那么在开始之前和他一起评估一下，在良好的状态下，他能完成作业所需要的时间，这非常有必要。

有时父母让孩子一个人安静地待在他的房间里，希望通过这种方式来养成他注意力集中的习惯。但对于年幼的孩子来说，这种情况可能会让他产生被遗弃感，并使他与作业建立消极甚至痛苦的关系。做作业时有大人在身边通常会令人安心（所以有不少孩子是在餐厅的桌子上做作业的），而且也不易养成"坏习惯"。你友好的态度、一个眼神、一句话就足以给孩子支持。以后到了中学，他自然会在书房或他的房间里独自学习。

有些孩子喜欢在电视机前做作业或边听音乐边做作业，这常常让父母惊讶和质疑，因为我们成年人已经失去在面对各种需求时，集中注意力的能力。然而，我们应先尝试了解孩子为什么需要这些影音的陪伴，然后才能和他一起找到一个满足他需要的空间——一个能让他集中注意力的最佳环境。孩子内心的需求是什么？他是否焦虑？他是想填补心灵的空虚？他觉得做作业太孤单？又或者他觉得如果没有看某个电视节目，就像错过了什么？他能承受无法掌握所有知识而带来的挫败感吗？当空间环境安排妥当之后，我们还应该帮孩子吗？

儿童是通过与成人的关系进行学习的，成人可以用自己接受、转换和传递信息的方式，来帮助孩子换一种角度进行推理思考。如果孩子（即使很年幼）已经习惯于解释自己的思考过程（用语言来表达意思），他们就会在青春期充分而轻松地运用这种能力。因此，从小学开始，父母可以通过以下的交流方式来陪伴孩子做作业——"你是否仔细读了题目的要求？""题目的重点是什么？""你打算怎么做？"请孩子用他自己的话来告诉你他对题目的理解，然后你再从他的误解之处出发来帮他纠正。解题结果不如推理过程重要，所以在任何情况下，你都不应该代替孩子完成这个过程，更不必因为他暂时的退步而感到惊讶，相信孩子是会通过逐步调整来学习的。

最后，父母不要过分关注孩子的作业。如果孩子真的有很大困难，或者花在作业上的时间太长、过程太痛苦，就及时和老师谈谈。毕竟教育是家长的责任，教学是学校的责任。

我担心学校的教学水平太差，老师的教学方法也不合适，需要给孩子额外布置作业吗？

当前的学校课程、教学方法及教学目标都在不断地发展变化，所以我们无法拿当今孩子所受的教育与我们自己小时候所受的教育相提并论。父母总是想给孩子最好的，这是很自然的，但在认知层面上，成年人的信心不足，再加上渴望成功的焦虑，就会导致我们无法管理和调整对孩子的期望。要知道，父母过度的焦虑和学校给孩子的学习压力，如果在家里也被不断强化，很可能会让孩子对学习感到非常恼火。

我们首先应当评估的是学校提供的教育是否完全符合国家的教育目标。只有两者差距悬殊，我们才有理由认为学校的教学处于"低水平"。如果孩子向你寻求帮助，你可以尝试弄清楚他在学校是如何学习的。此时你可以用不同的方式向他解释，或找老师了解情况。但不要与学校教的方法对抗——这样可能会让孩子迷失方向，陷入谁是谁非的冲突中，甚至孩子可能会停止向你寻求帮助，退缩在困境之中。

最后，孩子需要有一定的自由时间，来让自己的行动力和创造力得到蓬勃发展，所以最好不要给他们增加额外的工作量，不要让孩子负担过重，这会增加他们抵制学习的风险。

孩子的问题

"去学校有什么意义呢?那些不上学的孩子太幸运了!"

当你的孩子这样对你说时,他其实是想了解知识的传播、学习对你和他的生活有怎样的意义。你需要告诉他,每个人都可以转变,他也可以在一生中不断地进步和自我完善,而上学是增强我们的自主性,对事物、对世界实现思想和行动统一的一个重要途径。当然,你并不需要他立刻领悟学习的意义。

如果你觉得孩子需要知道如何学以致用、学习的好处是什么(例如,阅读可以让我们在旅行时辨别自己的方位,让我们知道自己买的是什么,而算术也会在购物中用到……),那么他更需要理解,学习的意义还在于传递知识、取得进步。

第五章 对学习的适应

"爸爸,我做不好我的作业。我该如何跟老师说?"

很多孩子愿意写作业,主要是为了取悦老师或不让老师失望。然而不幸的是,后者有时是基于孩子的恐惧心理。"取悦"虽然可以成为良性驱动的因素,但孩子也需要从成人期望的情感表征——"我必须做得很好才能被喜欢",逐渐转变为认知表征——"我应当好好做作业"。

当孩子提出"我做不好我的作业,我该怎么和老师说?"这样的问题时,其实他是想让父母来确认老师对他的期望值。

在孩子学习和认知能力发展的过程中,他们在情感上常常会认为"我做错了题,所以老师会不喜欢我",我们需要帮助孩子将此转化为对"错误"的认知,明白"我做错题了"。当结果"错误"时,这仅仅意味着我们的答案与参考答案不一致,或者我们的推理过程出现了问题。这种是形式上的错误,只要通过分析错题,我们就可以理解解题过程,从而改进解题方案,寻找并整合新的知识。

我们需要让孩子明白，老师和父母一样，都是期望他去正视学习的过程——愿意去尝试和挑战，肯花时间去练习。而做作业只是检验学习结果的冰山一角，它远不如为实现这个结果而去思考的过程来得更重要。这有助于孩子在面对恐惧时，能够更好地去管理自己。

第六章

培养自主性和内驱力

在整个小学阶段，孩子不断地成长、进步，并一点点获得学习的自主性。但他们依然需要父母的帮助和引导来渡过难关。

　　父母在尊重孩子需求的同时，要和他保持一定"距离"。然而，在不打扰孩子的情况下陪伴孩子并不总是那么容易的。有时，我们让孩子孤零零地去应对学习或情感体验，而有时，我们又批评孩子的速度不够，或觉得他做不到而直接代替他完成。

孩子几岁可以独自上学？

这个问题的答案取决于几个因素：孩子个人的意愿、父母对孩子的专注力和空间定位能力的评估、父母对孩子所处环境的评估，以及父母接受风险的能力。

如果孩子想独自上学，我们应重视他们这种成长的愿望，同时可以引导它逐步符合现实。一般来说，8岁之前的孩子还不能正确评估距离和车速，所以我们必须预测孩子独自上学过程中可能存在的危险，并且帮助他防患于未然，这样才会降低风险。还有一些有效的预防措施可以帮助到孩子：和孩子一同重复多次走这条路线；让孩子带几次路，直到你对他的自主性有把握；让孩子走在前面，父母远远跟在后面。

当然，并不是所有的孩子对自主上学都有同样的渴望。虽然我们必须认识到孩子会有这种需求，但在他们尚未准备好时，一定不要急于把自主性强加到他们身上。大多数孩子要到小学五年级才能独自去上学。而到了中学，孩子们很自然地就能做到这一点。

父母支持孩子的自主权，意味着父母需要陪伴他们并帮他们学会预知风险，而不是替他们排除所有的障碍。同时，这也能使父母正确地评估孩子自力更生的能力，以及他们在必要时向外界寻求帮助的能力。这种评估可以让父母不被自己的恐惧淹没，不把实际上属于我们的感觉、想法和行为归因于他人。

班级有校外活动时，我要陪孩子一起参加吗？

班级的校外活动通常为你和孩子提供了共处的特别时刻，是你与老师建立信任纽带的特别时刻，也是为你以后与孩子讨论他的校园生活做铺垫的特殊时刻。比如当孩子和你谈论他的同学时，你就能更好地理解他所说的和所想的，以及了解他的人际关系。

当你和班级一起出行时，记得把注意力从你的孩子身上移开，而重点去照顾这个群体。如果孩子年龄尚小，你要向他解释，你不会一直跟着他，他可以像你不在场那样尽情玩耍。有些孩子是独生子女，没有与其他的兄弟姐妹分享父母注意力的体验，那么此时他就会体验到。这种体验将加强孩子的个性，以及促使他去确认自己在一个群体中的位置。

小学阶段的孩子，可能会为自己的父亲或母亲能陪伴自己出游而感到自豪，但也可能会恰恰相反，他会因此在朋友面前感到不自在。父母可能会因为这种疏远而感到受伤，但我们必须观察并接受孩子的反应，以促进孩子与同龄人的社交。如果你的日程安排使你无法参加孩子学校的活动，那么请提前与孩子沟通，他会很容易理解这是由客观原因导致的，并非是你缺乏兴趣，你也一定会找到其他时间或机会来参与他的校园生活。

孩子经常受罚，我该如何扭转这个局势？

适应校园生活需要孩子有较强的自我控制能力，但有些孩子比其他孩子更难以做到。当孩子受罚了，父母首先必须了解原因：他推搡了一个朋友？他在课堂上聊天？他忘带了东西？……一定程度的惩罚会帮助孩子意识到自己的错误，并逐渐调整自己的偏差行为，但前提是父母能够接受这些惩罚，并肯定它们的价值。

如果你的孩子没有遵守集体生活的规则，和他谈一谈是很重要的。你可以问问他被训斥的具体情况，并冷静地和他讨论他的态度。孩子并不一定每次都能意识到自己逾越了规范，因此你需要让他明白，在集体和社会中他是被约束的，并且他需要有一种与在家里不同的态度。事实上，老师管理一个有 30 个学生的班级，必然不同于你在家中管理两个孩子，所以老师肯定不可能什么都接受。

有时候，我们也许会觉得老师对孩子的惩罚不公平，或者过于严厉，但如果你当着孩子的面去否定老师，就相当于剥夺了学校的权威性，让孩子认为他可以完全不受约束地行事。与其相反，如果父母加重这个惩罚，则意味着他们将学校的制裁带到了家庭中。这两种方式都是不可取的。

如果孩子受罚的原因性质严重，这表示孩子可能正在经历一段艰难时期，而他难以用语言表达，就只能用不当的行为方式发泄情绪，从而想引起父母的关注。孩子不可能无缘无故地产生苦恼，此时父母可以和孩子以及他的老师谈谈，试着把情况搞清楚，寻求老师的帮助或许会有用。

当涉及集体惩罚时，大多数孩子和父母可能会认为这是不公平的。然而对孩子来说，感到被老师放弃要比屈服于不合理的惩罚危害更大。所以，这也能向孩子表明：集体是一个完整的实体，他在其中拥有自己的位置，并且必须承担责任。如果你确实无法接受老师的做法，那么请在孩子不在场的情况下，与老师单独面谈。

孩子学习不自觉,没有时间观念,我是否应该检查他的书包和作业?

小学阶段对孩子的学习自主性的要求比学前阶段更高。如果我们不帮助孩子建立自我衡量的标准,他就可能失去方向。如果孩子没有得到循序渐进的培养,并获得学习的自主性,却被要求在各个方面都达到优秀,那将会使他很痛苦。

每个孩子都有自己的成长节奏,这表现在不同的领域——不一定总是表现在我们成人期待的领域。如果你的孩子在学业上尚未拥有自主性,或许他在其他方面(对游戏的选择、绘画、与成人交谈……)比较独立。我们可以帮助他了解自己在其他领域的成功,从而鼓励他将自己的优势和好的品质转移到学习领域。孩子在小学阶段需要有人陪伴,但这并不意味着他需要父母来代劳一切。我们要与孩子一起设定小目标,然后帮他们确认每个小目标后,把它们一点点整合在一起,并监督孩子去执行。

孩子学习时心不在焉,老是做白日梦?这种情况需要你根据你要求他集中注意力的时长,和孩子一起讨论需要改进的地方,他们可能会找到与你的建议不同的改进方法。在对时间的把控上,孩子们要很晚才能掌握并感知。父母可以明确地告诉孩子，在一个具体的时间段内，你对他的期望是什么，同时还需要帮助他了解自己的进展。

最后，拥有自主性意味着自己知道如何配合他人的期望。拥有这种去自我中心化的能力，意味着孩子能抛开个人想法，能想到其他的可能性并能预测他人的观点。这种能力是孩子在与成年人的联结中和支持下逐渐培养起来的。准确地预测教师期望值的能力，只有当孩子到了青春期才会真正出现，但孩子会在小学阶段的学习中就开始尝试。

父母要给孩子留出个人的空间。他的书包、他的课本……这些必须由他来做主，这样孩子也会因此珍惜他的这些个人物品。同时，你可以请他邀请你一起分享这个空间，从而能帮助他发现并补全缺少的部分，或完成未完成的部分。这样，你既给予了孩子安全感又不会越俎代庖。

孩子带着糟糕的成绩单回家，我该批评他吗？他会因此而气馁吗？

孩子的学习动机首先来自他在学习的过程中发现的意义，以及他觉得自己有能力成功的想法。因此，学习的动机与实现自我评估、能获得他人评价有关。如果孩子自己难以找到学习某个学科的意义,不如退一步,帮助他去发现学习任务的具体意义和他的兴趣所在。我们只有根据孩子的能力和他的成熟度来调节我们的期望,才能使他在合理的挑战中超越自己。这些成功的经验会成为孩子学习的即时满足感和后续动力的来源。孩子从中得到的评价,以及父母的满足和自豪,都是对他的鼓励和肯定。

学校的各类考核结果、成绩单为父母提供了能冷静地评估自己对孩子的期望的机会,父母需要肯定孩子的进步和努力,即使它们是微不足道的、不够显著的。回避不理想的成绩,或者不了解孩子的学习状况却一味地指责他们,这些都是无意义的。如果孩子的成绩糟糕,这也是让我们和孩子一同分析问题所在,并帮助他们去找到适合自己能力的新挑战的机会。我们需要教会孩子审视自己,问问他们该如何分析困难,并帮助他们找出问题以及可以改进的具体方面。

除此之外,父母需要观察孩子当前的情况。孩子获取信息是否有困难?比如孩子有阅读障碍、无法从题目中读取重要信息等,在这种情况下,我们应当帮助孩子用自己的语言来复述题目的意思。孩子处理信息是否有问题?他们是缺乏知识来建立信息之间的联系或无法调用知识点,还是把知识进行比较或分类有困难？解题思路的呈现方式是否有问题？通常情况下，孩子会用一种他人难以理解的或不清晰的形式给出正确答案，实际上这是因为他们还不确定成年人想要的答题模式，他们也想象不到阅卷人与自己的思考模式存在不同……

孩子的认知能力（智力、记忆力、注意力等）不是单一的，所以学业上遇到的困难可能是多方面原因造成的。此外，孩子的这些能力将在整个教育阶段中不断地得到发展，在不同课业中定期被重新审视。我们需要帮助孩子确定自己的实际能力，如已经掌握什么，以及还有哪些方面仍须继续努力才能取得成功，这将使他们在学习时不会一直处于被动。如果孩子觉得自己做不到，我们却又不向他说明其中的复杂性，这就等于任由他们自以为永远无法成功，他们的内驱力也无法被调动。

我女儿习惯性地贬低自己，而她的一个朋友则相反，事事争第一，如何理解孩子的这种反差？

孩子需要有一些小挑战来促进学习动力的产生，当他们能正确地认识自己的潜能时，就会享受学习的乐趣。

父母必须向孩子表明自己对他的信任，请他完成"最近发展区"里的任务。这需要我们先找出在孩子的能力范围内他能做到的事，然后，制定的目标要稍微超出那个范围一些。如果我们给孩子提供的任务过于简单或低于他的能力，就会阻碍他进步，并让他自我贬低。与之相反，如果我们的期望太高，孩子则会觉得自己永远不会成功，永远无法满足你的期待，于是产生无能为力的感觉，进而选择放弃努力。要找到这其中的平衡点并不容易，父母必须撇开自己的期望，把注意力转向孩子，给他空间去表达自己，一步步地跟随着他的求学之路。

无论孩子是自我贬低还是争强好胜，这两种情况都是孩子把标准定得太高了。我们应当问问孩子他这种对考评的压力从何而来。我们可以从以下几个问题中寻找答案：家庭中是否有一种成功文化，让孩子不想令父母失望？家里有没有人人夸赞的、聪明的哥哥姐姐和他上同一所学校，让他觉得自己比不上他们？孩子觉得成功是赢得父母之爱的唯一途径吗？兄弟姐妹之间是否存在嫉妒情绪，并且孩子把这种情绪延续到与同学的竞争当中？或者是否与家庭的其他特殊情况有关？

父母希望孩子能超越自己，但这并不意味着孩子应该被无意识地强迫去做父母未曾做到的事。相反，家中有过于成功的哥哥、姐姐或者父母，这会让孩子觉得无助："我永远不可能这么优秀。"因为太大的挑战会让孩子无法应对，尤其是在孩子并不了解这种成功是分阶段实现的时候，孩子会误以为："不成功，即失败。"

孩子害怕在课堂上发言，我感觉他的压力很大，我该怎么帮助他？

如果说适量的恐惧和压力可以成为学习的驱动力，那么在超过孩子承受范围的情况下，它们会抑制驱动力并转化为焦虑。压力是一种适应性的反应：它让我们的身心做好准备，去迎接新的挑战。然而很多孩子面对压力时，会感到紧张和不适，这是因为他们并非总是能辨明和用语言来准确地表达自己的感知。这时，我们帮助孩子的关键在于，如何能让他们说出自己的各种感受，并加以区分，这样他就不会那么害怕了。孩子可以借助这样的训练，去驯服压力，而不被压力所困。

如果孩子的压力与某个特定情境相关，比如背诵一首诗或做演讲，那么父母需要帮助他提前去了解在这种情况下，他可能会遇到的困难，这对孩子是大有裨益的。即使是一个看似成绩很好的学生，也可能会感到在老师和朋友面前发言是一个艰难的考验。因此，我们有必要尝试弄清恐惧感是否与方法、知识或他人的看法有关，以及孩子能否清楚地说明事态将如何发展。这些情况下，角色扮演的方法是非常有用的。你可以建议孩子提前在你面前演练一下，或者请他扮演他最害怕的朋友、老师。简而言之，让孩子掌握主导权，学会预测形势，并主动尝试改变而不是置身其外，进而与特定情境建立起一种积极主动而非被动的关系。

另外，如果孩子有持久而分散的压力导致自己陷入无意识的心理束缚中，并伴随着失眠、易怒、食欲不振、胃痛或其他身体的症状，那么你要重新考量孩子的状态，引导他们表述出那些产生束缚或引起内心冲突的因素，这将帮助孩子理解自己的经历，并让他从中解脱出来。如果你想要更进一步来解决孩子的这种焦虑，还可以寻求相关心理机构或者咨询师的帮助。

我儿子刚刚经历了一次重大的失败,这让他觉得很耻辱,我该如何支持他?

让孩子学会面对现实,这需要一定的内在可塑性,通常这是孩子在初次遭遇的挫折中获得的。在你的理解和支持下,他将学会面对并克服这些挫折。随着年龄的增长,他还将面临种种限制和规则,先是在家里,然后是在学校。

在小学阶段,让孩子内心产生紧张和冲突的来源有很多:与朋友吵架、成绩差、受到他认为不合理的训斥等。孩子可能很难主动去与你谈论这些事,因为他并不太理解自己正在经历什么。此时,你需要让他知道你已经察觉到他的情绪,然后陪伴他,但不要强迫他与你交谈。先让时间安抚他,然后告诉他你对于他所发生的事情的看法,以及这些事情可能会触发他什么样的情绪。这样,他就会由此明白,生活并非难以捉摸——即使他说的事情你可能并不能感同身受。当孩子知道感觉和情绪是可以被形容和表达的,他就会感到安心,事情也会得到解决,他也不再会感到害怕。

最后,他必须确认这些负面经历并不会改变他的身份,以及父母对他的爱。这些基本的保证,能够使孩子积极地体验各种经历,并理解错误或失败不仅没有破坏性,相反它们还是自己进步的机会，对自己的人生是有促进作用的。

对于父母来说，任何时候都要生活在当下，要帮助孩子找出问题并且积极地一起克服它。相信随着时间的推移，孩子们会变得更强大。

孩子的问题

"妈妈,我害怕在初中学不好。"

环境的变化、节奏的变化、成年人的高期望都会让孩子产生恐惧。他们觉得要渡过一个难关,就不得不放弃某种舒适区。这个年龄的孩子还不会规划未来,他只会用对自己今天的看法来规划明天。然而,如果他已经开始担心上中学,这或许仅仅是因为他没有想到那时的自己和现在的自己不同,那时他将有新的需求,而中学会更好地满足他的这些需求。我们应提醒孩子,无论发生什么变化,家庭环境会一如既往地了解他的想法,倾听他的心声,关注他的需求。在这个问题背后,孩子在试图确保你对他的支持和信任。这种信任不仅仅是"你可以做到",最重要的是"你长大了,你会改变,当时机来临时,你就会获得让自己进步的方法和能力"。

在孩子上学的最初几年，你和他都会经历各种令人沮丧的、困难的、造成情绪波动的事情，孩子也将通过这些事情以及快乐、游戏和分享逐渐成长和成熟。你坚定而温和的陪伴将帮助孩子发展自己的个性和自主性，助力他成长并在初中阶段如鱼得水。他也将发挥自己的才能来应对新的智力活动和情感学习。

我该和孩子谈谈性吗?

父母问问题,
大师来回答

[法]帕斯卡尔·普兰/著
楼时钰 丁海娜/译

一本帮助你
让孩子
了解"性"的
指导手册

长江出版传媒 | 长江少年儿童出版社

图书在版编目（CIP）数据

父母问问题，大师来回答. 我该和孩子谈谈性吗 /（法）帕斯卡尔·普兰著；楼时钰，丁海娜译. — 武汉：长江少年儿童出版社，2023.5
ISBN 978-7-5721-3852-2

Ⅰ.①父… Ⅱ.①帕…②楼…③丁… Ⅲ.①少年儿童—家庭教育—问题解答 Ⅳ.①G782-44

中国国家版本馆CIP数据核字(2023)第056701号
著作权合同登记号：图字17-2023-063

FUMU WEN WENTI DASHI LAI HUIDA
父母问问题，大师来回答
WO GAI HE HAIZI TANTAN XING MA
我该和孩子谈谈性吗

[法]帕斯卡尔·普兰 / 著　　楼时钰　丁海娜 / 译
责任编辑 / 马瑞芬　黄 琼
装帧设计 / 康苗苗　美术编辑 / 熊灵杰
出版发行 / 长江少年儿童出版社
经销 / 全国新华书店
印刷 / 广州市金骏彩色印务有限公司
开本 / 889×1194　1 / 32
印张 / 11.375
印次 / 2023年5月第1版，2023年5月第1次印刷
书号 / ISBN 978-7-5721-3852-2
定价 / 140.00元（全4册）

EUH…DEMANDE A TA MERE

copyright 2020 by Editions Nathan, SEJER, Paris – France
Édition originale : EUH…DEMANDE A TA MERE by Pascale Poulain

本书中文简体字版权经法国Nathan出版社授予海豚传媒股份有限公司，由长江少年儿童出版社独家出版发行。
版权所有，侵权必究。

策划 / 海豚传媒股份有限公司
网址 / www.dolphinmedia.cn　　邮箱 / dolphinmedia@vip.163.com
阅读咨询热线 / 027-87391723　　销售热线 / 027-87396822
海豚传媒常年法律顾问 / 上海市锦天城（武汉）律师事务所　张超　林思贵　18607186981

目录 CONTENTS

导 语

第一章
和孩子谈论爱

孩子很会讨好我或他的父亲，这是什么原因？
我该持什么态度？   05

孩子经常说他不爱我们了，或者说大家都讨厌他，
我该怎样安抚他？   06

孩子极其仰慕他一个朋友的妈妈，似乎要抛弃我了，
我应该担心吗？   08

孩子会在半夜叫醒我们，干扰我们夫妻的私生活，
我该和他说些什么呢？   10

我4岁的孩子会说起他的"小情人"，还会亲吻和拥抱对方，
这是否太早了？   11

"恋爱"或"结婚"对孩子意味着什么？   12

孩子不小心发现我们夫妻间的亲昵行为，
我该和他说些什么？   14

孩子的问题   16
◎ "我什么时候才能和爸爸/妈妈结婚、睡觉或生孩子呢？"

第二章
身体的语言

人的性本能是如何被唤醒的?	19
如何教孩子正确称呼自己和成人的性器官?	20
孩子几岁后,我们就不可以在他面前赤身裸体了?	21
什么时候开始,我们在给孩子洗澡时不应再触碰他的性器官?	22
我可以亲吻自己孩子的嘴巴吗?	23
孩子拒绝我碰他的身体,这是什么原因?	24
孩子经常展示自己的裸体,这是怎么回事?我该如何教导他?	25
女儿问我,为什么她的兄弟有"小鸡鸡"而她却没有,我该如何回答?	26
儿子担心以后他的"小鸡鸡"比他父亲的小,怎样才能让他放心?	28

孩子的问题   30
  ◎ "我是怎么从妈妈肚子里生出来的?"
  ◎ "'小鸡鸡'只是用来尿尿的吗?"

第三章
儿童的性行为

孩子从几岁开始会有与性相关的举动? 35

我完全看不出我孩子的性欲望,这正常吗? 36

发现孩子自慰,我该对孩子说些什么? 38

我们该如何看待孩子之间玩的性游戏? 39

孩子过分关注他的生殖器并一直谈论它,
我该如何化解? 41

我儿子喜欢把自己打扮成女孩,我该阻止他吗? 42

孩子尿床与性发育有关吗? 43

我女儿对我的隐私部位非常好奇,
会触摸我和其他人的身体,我该怎么引导她? 44

> 孩子的问题 46
> ◎ "孩子是怎么被生出来的?"
> ◎ "我什么时候才有乳房、体毛?我什么时候可以生孩子?"

第四章
欲　望

和孩子谈论性让我感到尴尬,我该怎么做? 51

如何和孩子聊关于爱、性和欲望的话题? 52

我的孩子模仿我的行为和动作，表现得像个小大人，我该和他说什么？	53
孩子的性别认同是如何建构的？我怎样才能帮助他/她乐于成为男孩/女孩？	54
我一个人抚养孩子，关于婚姻和爱情，我要怎么和他解释？	56
儿童性欲望的哪些表现可能是病态的，并需要咨询心理医生？	57
我想让我的孩子警惕猥亵儿童行为，但我怕他会对此产生心理阴影，我该如何谈论这个话题？	59

孩子的问题 61

◎ "一个大人会爱上我吗？"
◎ "为什么猥亵儿童的人会被关到监狱里？"

第五章
青春期，孩子通向成人性征的过渡期

孩子青春期前后有什么变化？我应该帮助孩子为这个变化期做好准备吗？	67
我如何与女儿谈论她的月经初潮，或和儿子谈论他的第一次射精？	68
与青春期的孩子谈论避孕或第一次性关系，是否干涉了他们的隐私或不太合适？	71

我发现14岁女儿的姿态和着装过于性感, 我该怎么和她说?	72
我的孩子正值青春期,他和一个同性朋友形影不离, 似乎对异性完全不感兴趣,这正常吗?	74
青春期的孩子饮食失调,看起来有些抑郁, 我该怎么帮助他?	75
小学阶段后期或初中阶段,青少年之间 会通过手机传播色情视频,我该如何正确干预?	77

孩子的问题 79

◎ "第一次发生性关系是怎样的?"
◎ "我的身体让我害怕,我正常吗?"

结 语

导 语

性唤起好奇心

孩子好奇关于性的一切：那些来自身体的感觉、他所体验到的爱或敌意、父母房间里发生的事，还有两性之间的差异。

陪伴孩子并解答孩子的相关疑问，对父母教育孩子很有帮助，因为孩子对性的探索和对语言的探索是同步发展的。根据孩子的要求来和他们谈论爱和性，这对孩子好奇心的发展以及情感的发展都极其有帮助。

1905年，弗洛伊德在《性学三论》中提出其备受争议的观点：婴儿也有性欲。他特别强调了回应孩子对爱和性的兴趣的重要性——"孩子们出乎意料地强烈关注有关性的问题，甚至可以说，正是这些问题启蒙了他们的智力。"

爱和性是通过语言联系在一起的。父母给孩子洗澡，喂孩子食物，关注孩子成长中的点点滴滴，在这个过程中，孩子的语言和行为足以反映出，爱和性的生活始于孩子降生的那一刻。直到孩子步入青春期，好奇心驱使他们转向成人的性行为时，父母才退至幕后。

与孩子交谈也会让父母想起曾经的自己。每个人幼儿时期的性本能一直蠢蠢欲动，它成了我们精神生活中的无意识部分。这就是为什么，当我们和孩子谈论爱和性时，会不由自主地回避我们自己幼时的性本能。因为我们害怕找不到正确的话语，反而还会让情形变得尴尬。

在围绕"性"这个棘手的话题进行交流时，我们首先要关注到"禁止乱伦"这一核心界限。其次，每个人都知道，找到合适的说辞和成长中的孩子建立对话至关重要。怎样让自己敢于开口，和年幼的孩子或青少年期的孩子谈论这个话题呢？这本书中的问题和答案将引导我们走进社会生活、家庭生活和爱情生活的大门。

第一章
和孩子谈论爱

在孩子2～5岁，有一段时间，他们会像恋爱中的成人那样去亲近自己的母亲或父亲。这就是弗洛伊德所说的俄狄浦斯情结。

父母在受宠若惊的同时也会觉得有些尴尬。他们会温和地把孩子推开，这样做是对的。

正如弗洛伊德所说，俄狄浦斯情结必须"沉没"，这样才可以将"禁止乱伦"铭刻在孩子的无意识（潜意识）中。面对所谓的阉割焦虑，孩子同意放弃想象中的位置。他认识到，父亲所拥有的象征意义的生殖器，让母亲的欲望有存在的意义，并将自己的性欲从父母私密的享乐中抽离。

孩子很会讨好我或他的父亲,这是什么原因?我该持什么态度?

当你看到你的孩子像一个小情人一样亲近异性父母,并奉承他/她,向对方求婚,甚至放言要和对方生孩子时,这总让你感到有点难以置信。这些行为背后有一个明确的目标:孩子正想方设法地去取代他们的同性父母。在2~5岁,孩子的俄狄浦斯情结开始出现。

对于和自己同性别的父母,孩子的态度会在直接竞争和温柔相处间摇摆不定:他们害怕父母某些报复性的惩罚,他们并不想失去父母任何一方的爱!因此,俄狄浦斯情结可以体现在两个方面,即所谓的"正常"和"反向"两种情形——在后一种情况下,孩子被同性的父母所吸引。在此期间,孩子对父母双方都会有强烈的情感需求。

父母应该采取怎样的态度去迎接孩子俄狄浦斯情结阶段的到来,并助其顺利度过呢?当父母中的一方被孩子纠缠,而另一方在孩子高涨的热情面前认输并感到被排挤,孩子就可能会危及婚姻生活,这会让父母一方在不知不觉中陷入孩子的诱惑游戏。此时,正确的态度是,不要让孩子觉得自己将来有可能替代同性父母那一方,甚至幻想和异性父母结婚,成为父母的浪漫伴侣。比如，我们可以在和孩子拥抱的时候伴以温柔的语言，这样，他身体上的兴奋感（在这个年龄段是很强的）就不会占主导地位。这种做法也能鼓励孩子把自己十分强烈的情感和感受用语言表达出来。

语言是父母与子女之间处理俄狄浦斯期矛盾的重要工具，在这段时期内，孩子熟练地掌握了语言技能并能灵活地运用。此外，让孩子时而和父亲，时而和母亲一起完成日常生活中的任务或一起玩闹，可以转移孩子对"专享"父母一方的渴望。这样，"像妈妈或爸爸一样生活"的快乐可以取代热切爱恋父母的快乐。这使得每个孩子，无论是女孩还是男孩，都会感到自己也被他们想要取代的父母同样爱着。

孩子经常说他不爱我们了，或者说大家讨厌他，我该怎样安抚他？

当孩子带着攻击性或用赌气的方式来向父母宣战时，这会让父母神经紧绷。为了安抚孩子，我们可以采纳著名心理学家弗朗索瓦兹·多尔多提出的这种积极的建议——我们可以回应孩子："没关系，你不是为了爱我而生的！"言下之意，是告诉孩子他是为了过自己的生活而生。

然而，一种矛盾心理——既深爱某人同时又讨厌他的心理——是孩子在童年时期普遍有的一种情感反差。谁在孩提时代没有在特殊的情况下想让父母消失一下呢？这些不可告人的感觉会让孩子产生负罪感，这就是为什么他们会把问题反转，说自己才是大家讨厌的人。

"我生爸爸的气，"一位2岁的"小病人"对英国精神分析师温尼科特说，"是因为我太爱他了。"这个小女孩责怪她父亲唤起了她太多的爱，也为不得不放弃这么多快乐（因为她做不了父亲的爱人）而生气，她用愤怒来向父亲表达爱。孩子的生活里有很多挫折和失望，而放弃某些快乐并不是那么容易的。

通常，孩子在对父母表现出攻击性或嫉妒行为之后，又会流露温情。例如，汉斯会打他的父亲，然后又亲吻父亲被他打到的地方。一个脾气暴躁、充满敌意的孩子，其实是一个为自己爱与被爱的能力而担忧的孩子。父母需要帮助他明确自己的困扰，才能使他逐渐表达自己的矛盾情绪，从而减少这些情绪给他带来的负罪感。

要改变不堪的局面，可以先从让孩子看到自己的状态开始。比如，我们可以对他说："你今天看上去像是被什么事困扰了或被什么人惹怒了,发生什么事了吗?"或者问他:"为什么你要这样想自己,或者妈妈?"耐心地倾听他的回答,可以帮助他不被负面情绪所困。通常孩子在说出一个答案不久后,总能给出更多的解答,这样,你和孩子之间的对话就会变得更加顺畅。

孩子极其仰慕他一个朋友的妈妈,似乎要抛弃我了,我应该担心吗?

一个小女孩回家向妈妈表示她更喜欢小伙伴的妈妈,或者一个小男孩似乎想让他的足球教练来替代他的爸爸,这些情况会让父母有些烦恼……但孩子能够去爱其他人,并让对方取代自己的父母,是俄狄浦斯情结终结的好征兆,是一件好事。

探索家庭以外的生活,会给孩子带来极大的乐趣。他能逐渐学会选择适合自己的生活模式,而不是父母的。所以,如果一个孩子能够把自己的兴趣延伸到家庭之外,这是一个好的信号,表明孩子敢于表达自己的爱好和个性。这对孩子来说也是一种机会,它能让孩子以一种新的方式被父母以外的其他成年人重视。

当弟弟妹妹出生的时候，有些孩子会突然被另一个成年人所吸引，这可能是他为了保持内心的平衡。如果父母太忙了，无法满足家中每个孩子的需求，就会引发手足之争。所以，只要那个成年人是父母所信赖的人，那么孩子从他那里得到一点关注也没什么好担心的。

此外，童年中总有那么一段时间，孩子会想去了解是不是别人的家更好，想去确认小伙伴的父母是不是比自己的父母好很多，这可以让孩子明白自己喜欢别人家什么、不喜欢别人家什么，让他比较客观地看待并且知晓别人家庭的价值观。

还有些孩子会出现关于假想父母或养父母的幻想，或想象有进一步取代自己父母的人，实际上这是孩子变相地宣告自己对父母的爱，他怀念在幼时爱他的父母。

在单亲家庭里，很多孩子对老师、姑妈、医生、祖父或祖母产生了强烈的感情，相当于将第三个人也融入了家庭中，这有利于满足他对现实中缺失的父母的想象。

孩子会在半夜叫醒我们，干扰我们夫妻的私生活，我该和他说些什么呢？

无论是 2 岁的孩子拖着和他一样失眠的玩偶进入父母的房间，还是 7 岁的孩子敲开父母的房门抱怨自己睡不着，如果这种情况出现得太频繁，父母就必须认真应对。导致这种情况出现的原因有多种，比如孩子对性的好奇或嫉妒心理，这在孩子的俄狄浦斯期尤为明显。孩子走进大人的房间，会漫不经心地打探里面发生了什么。父母不是时刻都需要自己的事实，会使幼小的孩子感到痛苦……尤其是在睡觉时间。孩子有时也会对父母的性行为表现出不安。

父母可以告诉孩子，他们在夜间需要独处。父母的床是父母的，而且只属于父母自己，他们并非必须与孩子分享。同样，父母也不必去孩子床上。父母保护自我隐私的意愿与和孩子沟通时的措辞、态度一样重要：必须清晰、坚定，否则孩子会趁机钻空子。

孩子晚上去父母房间，也可能与他们对黑暗或寂静的恐惧有关，在黑暗中，孩子可能"看到"令他恐惧的想象中的事物。相比之下，他看到妈妈和爸爸两人却能温暖地靠在一起，心里会更加难过。这时父母安抚孩子当然很重要，但应该去孩子的房间，而不是邀请孩子到父母自己的房间里来。

这些恐惧，一般和孩子在白天的经历，特别是孩子为与父母分离所做的巨大努力有关。这时，父母为他们讲述一天中发生的事或者阅读睡前故事是最好的陪伴形式。弗朗索瓦兹·多尔多还建议让孩子画出他们害怕的噩梦，大一点的孩子则可以将噩梦写下来。

我4岁的孩子会说起他的"小情人"，还会亲吻和拥抱对方，这是否太早了？

这个年龄段的孩子有着强烈的性兴奋，他们被弗洛伊德描述为"年轻的放荡者"，因为不论是对同性还是对异性，他们都会积极主动地去接近。孩子们会一边亲吻一边表达自己的爱意和赞美，还会在操场上手牵手，向对方求婚，甚至提议生孩子。在儿童2～5岁时，爱情故事以一种没羞没臊、热情肆意的方式蓬勃发展，然而他们在长大后会更加谨慎。弗洛伊德曾指出，孩子"早在青春期之前就呈现出爱情生活中的大部分心理特征（温柔、奉献、嫉妒等）"。

父母应该确认孩子得到了他所谓的爱人的认可，并认真对待他们可能会经历的"失恋"的悲伤。孩子之间亲吻的行为是存在的，但父母不必太担心，除非他表现得太过夸张。

比如，一个 5 岁的男孩成了幼儿园班上的"恐怖分子"，因为他不顾女孩们的意愿，就扑过去要亲她们。这与他不太确定父母在放学时是否会回到自己身边有关，因此他希望得到所有人的爱。

快乐的儿时"爱情"有利于小男孩或小女孩从自己的原生家庭中解放出来，也有利于他们对两性差异进行探索。想象中，似乎随着年龄增长性欲望会增强，但儿童幼年时在这些事件中体现出来的性本能，比他们 6 ~ 12 岁时更加强烈——在后面这个年龄段，性本能暂时转向了其他方面的情投意合（情书往来、共同爱好、聊天、游戏）。无论孩子多大，父母都必须保持慎重，尊重孩子这些情感上的积极性。

"恋爱"或"结婚"对孩子意味着什么？

"什么是谈恋爱？"孩子有时会问我们。就像他们所有突然提出的问题一样，这个问题可能会让父母措手不及，尽管它表面上看似很简单。父母如果能够提前了解孩子的心理，能想象到孩子在思考什么，这将有助于他们向孩子给出恰当的答案。

孩子的性意识和性行为与成人的不同，但他们对有关性的话题会有许多疑惑。这些疑惑受到他自己身体感觉的指引，也受到在成人或其他孩子那里所见所闻的指引。而且这个话题给孩子们在玩耍时与同伴交流重要信息提供了契机。孩子对结婚这件事感兴趣，是从他们想知道宝宝是如何生出来开始的。这时的他会是世界上最认真思考这个问题的人。

对年幼的孩子来说，他们认为恋爱是通过"口头"行为来表现的：我们互相亲吻，富有仪式感地给彼此喂食，宝宝就会这样怀上了。由肛门和生殖器引发的感觉，还会让一些孩子认为结婚就是在彼此面前小便或露出他们的屁股。而对另一些孩子来说，他们认为婚姻生活是从牺牲开始的：父母双方都应当为家庭相互输血、相互付出。

针对这些幼儿的性心理，弗洛伊德如是命名——"幼儿的性理论"，它们与创造它们的小发明者一样多样且独特。孩子们会逐渐忘记这些理论并更倾向于现实的解释，但它们总是存在于孩子的潜意识中。有些孩子比较早熟，当他们对性产生好奇的时候，我们可以给他们解释，并通过使用一些适合孩子年龄的图片和书籍来给他们科普性知识,这个做法永远不会为时过早。至于恋爱的感觉,孩子很可能已经和与他同龄的小恋人体验过了。所以我们可以先问问他对这个问题的看法,然后再一起求证并交换意见。

孩子不小心发现我们夫妻间的亲昵行为,我该和他说些什么?

夫妻的性生活,不是为了炫耀,它是爱情生活的一部分。首先,无论孩子年龄多大,父母面对这种情形时都应该这么应对:对孩子意外撞上父母的亲昵时刻表示歉意,建议他以后不要在没敲门的情况下进入父母房间,或者自己提前锁上门。

如今,6岁至青春期的孩子都会或多或少地在电视上看到一些带有情欲的拥抱,并都会想象一些成年人之间的性行为。他们很早就意识到自己就是通过这样的行为而诞生的。虽然"孩子在其幼稚的幻想中否认父母之间的性关系",但他们会从自己的性发育和情感发展中来理解性行为。这就是为什么孩子看到这一幕可能会做出反应,并会去诠释他所看到的。

除此之外，这也让父母有机会来向孩子解释有关性行为所传递的信息。例如，如果孩子将自己无意间看到的性行为比作打架，或者比作用嘴巴或臀部做奇怪的事情，那么我们可以告诉他，这是一种亲热的举动，是成年人所做的把性和爱结合起来的事，他成年以后也会和自己的爱人一起经历。

对性的想象，是孩子成长的基本幻想的起源，但我们要记住的是，孩子并不应该目睹或以任何方式参与父母的性生活，父母应该注意保护自己的隐私，把自己的房门好好地关着。

孩子的问题

"我什么时候才能和爸爸/妈妈结婚、睡觉或生孩子呢?"

这是一个 2~6 岁的小"俄狄浦斯"会问的问题。

让我们明确一点:这个问题的答案绝不应该是"以后",而应该是"永远不会"!告诉孩子,他长大后将会和他所选择的爱人组建家庭,会和这个人结婚、睡觉。父母必须支持"禁止乱伦"这条法则,并保证其言行在现实中不违背它。这就是俄狄浦斯情结的复杂性所在:孩子必须能够体验并保持与父母的亲密关系,同时,父母也必须在晚上关好自己的房间大门,以明示孩子不应该去占据那里的位置。

处于俄狄浦斯时期的孩子可能会对父母拒绝他的声明表现得非常难过。但对他的性心理发展来说,这是极其重要的。而且这样会避免他执着于恋母或恋父的情结,他对性的好奇心就可以找到其他目标,他的爱情生活也会正常发展。

第二章

身体的语言

当孩子吮吸他的拇指或他的被子时,他会感受到自己喝奶或被拥抱时的快乐,此时的他看上去陶醉而放松。同样地,如果他触摸到了自己的性器官,则能重新体验父母为他清洗时的感觉。"他满意于自己的身体",弗洛伊德简单地断定。

　　从孩子出生起,他的需求就像最初的性兴奋一样,都是由父母来替他表述:"你太饿了!""你看起来很开心!"因此,身体的感受对孩子来说是有意义的。他可以回忆起这些满足感并重新体验它们。这就是为什么自体情欲不仅是一种激起性本能的生理状态,也是一种创造性的心理状态,这也与孩子和养育者之间的对话沟通有关。

人的性本能是如何被唤醒的？

刚出生的婴儿是无法照顾自己的。为了生命的成长，婴儿需要他的父母看着他、倾听他、抚摸他并向他解释他体验到的各种感觉。母亲的乳房或奶瓶不仅能为婴儿缓解饥饿感，还可以让他感到放松，体验到快乐。婴儿吃饱了，从而感受到生理上的快乐；能一直凝视妈妈的脸，从而获得心理上的快乐；父亲轻轻摇晃他或让他在膝盖上跳，这让孩子放松、大笑，同样也让他感到了愉悦。

在这样温暖的关系中，爱和语言唤醒了孩子的性本能。吃饱喝足、体肤洁净、轻轻摇摆、活动肌肉，这些经历都可以开启孩子的性本能。除此之外，他对美的需求也得到了满足：圆润的乳房、父母温柔的脸庞、色彩和光线的变化。婴儿还会表现出一定程度的攻击性：他们咬、尖叫或抓挠时，这些行为显现出的是性本能中的施暴快感。

孩子长大后会回想起所有这些愉快的经历，并通过身体和回忆去重温这些经历。性爱行为的第一个对象，不仅是负责照顾孩子的人，也是孩子自己。这就是我们所说的自恋，即爱自己的行为。

如何教孩子正确称呼自己和成人的性器官？

这是一个完全可以在家庭中讨论的话题。父母或子女，每个人都可以自由地或诗意地，按照个人觉得合适的方式来称呼自己的性器官，但不应使用不适合孩子年龄的俗语或贬低另一性别的字眼。

在幼儿时期，如何称呼孩子的性器官？男孩的比较常用"鸡鸡"，女孩的常用"咪咪（下体）"，或者两性通用的"屁屁"。我们也可以用男孩的小鸟和女孩的花朵来隐喻。简而言之，"性器官"这个词更适合两种性别，尽管它没有区分两者。为生殖器命名还可以让孩子将它与臀部区分开，区分两性的臀部有助于孩子进行如厕训练。

此外，我们还可以使用一些专业名词，这取决于它们是否在生活中常用。比如洗澡的时候，或者孩子要求我们解释某个性器官的部位时。对任何年龄的孩子，我们都可以使用例如男孩的阴茎、龟头、睾丸或女孩的阴唇、外阴、阴道和阴蒂等解剖学词汇。父母应当鼓励 9 岁以上的孩子去熟悉这些专业词汇。学会对生殖器各个部位命名也有助于孩子发现和了解自己的身体变化，并为青春期做好准备。

弗洛伊德分享的案例中的病人小汉斯，就无法准确地分辨人的性别。无论男女，儿童或成人，还是动物，他将他们的性别都称为"嘘嘘"。所以，用不同的命名来代表男性和女性，以及孩子和父母的性器官，是帮助孩子解开对性的疑惑的一个办法。

孩子几岁后，我们就不可以在他面前赤身裸体了？

在安排日常生活时，很多父母会问，是否可以和孩子同时洗澡或穿脱衣服，因为有时这样十分方便。事实上，这并不是需要考虑如何躲避孩子目光的问题，而是要避免在孩子面前赤身裸体的问题，最好从孩子两三岁起就开始避免。

在对孩子的日常养育中，喂食、换衣服、洗漱、亲吻，都是性兴奋和性满足的来源。因此，带有性意味的爱无论如何都会夹杂在亲子关系的温情中，所以在孩子面前赤身裸体会加剧这种不可避免的诱惑，这是不可取的。弗朗索瓦兹·多尔多提醒父母："对我们的孩子来说，我们是奇迹。"成人的裸体会增强孩子心中挚爱的父母那无所不能的表象。当孩子在如此过于真实的比照中，发现自己的身体微不足道时，他就可能不再愿以父母为榜样。

最后，孩子的性兴奋部分来自观察、触摸的欲望，这在求知欲和学习过程中起着重要的作用。此时，孩子对性问题的关注非常强烈，性问题是他关注的核心，并启发了他的智力。但若孩子对性的好奇心在父母的身体上反复得到满足，这可能会对他们产生过于强烈的诱惑。因此父母必须凭自己的直觉来注意这一点。有时候尴尬和局促不安的一方会是孩子。

什么时候开始，我们在给孩子洗澡时不应再触碰他的性器官？

无论是在上厕所时还是在玩挠痒痒游戏时，2~5岁的孩子经常会要求父母触碰他们的性器官，因为他发现了触碰这些部位给他带来的快感。要求被触摸的行为是孩子出于渴望缓解他们所感受到的性紧张的需要，这也是他喜欢暴露身体的时期，一切都源于他的性愉悦和俄狄浦斯欲望的自豪感。

因此，父母有责任告诉已经不再穿尿布的孩子，他们到了可以独立洗澡的年龄，每个人长大后都要学会照料自己的身体，孩子或许会转而求助自慰来缓解他们的兴奋。

需要重申的是,这个年龄的孩子在感官上的欲望比我们认为的要强烈,如果父母在无形的身体触碰中不知不觉地参与了进去,孩子的体验可能会非常令人担忧。弗朗索瓦兹·多尔多提醒道:"孩子的性欲望与成年人的不同,对他来说,任何强烈的感觉都是享受。"

我可以亲吻自己孩子的嘴巴吗?

有一些家庭中的父母会亲吻自己孩子的嘴巴,但是在绝大部分家庭中不会发生这种情况。

弗洛伊德说:"如果一位母亲被告知她的温柔唤醒了孩子的性驱力,她可能会感到惊讶。"嘴巴是婴儿的性敏感区,在他们的性行为中非常活跃。与父母分享这样一个过度亲密的吻,对孩子来说可能是有害的,并会造成他的困惑。事实上,对年幼的孩子来说,他们会认为父母正是通过亲吻嘴巴来结婚并怀上孩子的。如果孩子也这样做,他潜意识中的俄狄浦斯欲望很可能会被引向乱伦的现实。

让孩子将接吻保留到与伴侣的关系中,会有助于他将自己的性行为与成年人的区分开来。通过观察父母互相给予的这种快乐，他能够开始幻想并对此提出疑问，从而构建自己的性理论。这个观察很重要，因为它会促使孩子逐步离开他俄狄浦斯情结中的那一方父母。正是因为失去了这个爱恋的对象，孩子才能走向其他人。

就像我们不会与自己的父母睡觉一样，亲吻嘴唇也是一种给予亲情之外的人的爱。而亲情的爱意完全可以用一些不带情欲的方式来表达：伴着细语的拥抱、一项共同参与的活动或一种共享的情感，这一切都是爱，也将赋予孩子未来去爱他人的信心和愿望。

孩子拒绝我碰他的身体，这是什么原因？

当孩子说"不"时，有时我们很难确定是该反对他还是任由他自己去行动，特别是在个人卫生问题上。通过获得穿衣、洗漱、上厕所的自主权，孩子可以积极地表明他的隐私需要得到尊重。而我们童年时代的一大乐趣，就是能够独立完成别人曾经帮自己做过的事。

只要不会置孩子于危险中，父母就应该关注并鼓励孩子去获得自主。若孩子不希望再被触摸，其实是他在发表长大宣言，并向父母表明他们现在可以采取另一种形式来照顾他了。但这并不意味着，从现在开始孩子和父母都不会有任何身体接触，而是父母可能要等待孩子来主动亲近。

在弗洛伊德所说的"心理堤坝"中，克制、羞耻和厌恶是并列的。这些"堤坝"的建立标志着孩子的性成熟，并能抑制孩子出现那些施暴的、暴露的和偷窥的冲动。通过克制，孩子将致力于把他的性本能转移到其他方面，比如友谊和学业。但是，如果孩子看上去害怕一切肢体接触，或者在你看来他的行为有异常，就有必要询问孩子，以了解他是否受到别的儿童或成人的性骚扰或者霸凌。但这也可能是一种暂时的恐惧症，是儿童阶段常见的一种分离焦虑。

孩子经常展示自己的裸体，这是怎么回事？我该如何教导他？

这种情况对父母来说既搞笑又有点尴尬。孩子的性本能随着他身体每个部位的发育而觉醒。他们除了感受到光着身子走来走去的乐趣之外，还有一种挑衅的乐趣。可以打赌地说，十有八九的孩子会选择家里有客人时赤身裸体。

幼儿在两三岁时喜欢暴露他们的私密部位，这反映了他们对生理行为和性器官的窥视欲和强烈的好奇心。除此之外，观看他人身体与展示自己身体的这两种乐趣会交替出现。赤身裸体带给他一种自恋的强烈快感，而被他人的目光关注则迎合了他的自恋需求。这个时期的暴露欲标志着一个孩子的决定，他自愿被别人观看，而以前可能都是被动的。针对这种情况，父母不用责骂他，教育的目的在于让他明白他是一个美好的孩子，但在别人面前必须要穿上衣服。如果他想光一会儿身子，觉得这样让他感到舒服，那么他应该去自己的房间或者去浴室。

这种情况如果只此一次，或许父母可以由着他尽情来一回。比如一个5岁的男孩有一天光着身子来到餐桌旁，这让他的父母大吃一惊。询问原因后才知道，他在这一天突然想起来，要向他的父亲和兄弟展示一下他也有"小鸡鸡"！

女儿问我，为什么她的兄弟有"小鸡鸡"而她却没有，我该如何回答？

父母通常要忙于处理子女之间的嫉妒、冲突。当女孩问这个问题的时候，我们可以这样回答她——我们应当认可她对两性间差异的观察，并解释她的性器官与男孩子的不同。此时，孩子的好奇心与她害怕身体缺少某一部分的恐惧交织在一起——因为没有阴茎而害怕自己不完整或不健康。大概在 4 岁之前，很多小女孩会或多或少地暗地相信：她的私密部位（阴蒂）会长大变成阴茎。同时，她也将母亲的乳房等同于阴茎。父母对性器官的解释有助于减轻她的阉割焦虑——这种焦虑与她观察到自己没有阴茎的事实有关。

那么为什么她没有阴茎而她的兄弟有呢？父母可以直接告诉她因为她的兄弟是男孩，所以有男孩的性器官，而她是女孩，自然有女孩的性器官。也正是因为男孩和女孩的性器官不同，所以当他们成年后，每个人都会遇到家庭之外的异性，并能够和对方一起孕育生命。

小女孩的这个问题，还为父母向她解释什么是阴道和怀孕期间孕育婴儿的子宫是什么提供了契机。对小女孩而言，将来她可以在身体里孕育宝宝的这一事实，足以取代她对兄弟们拥有"小鸡鸡"的羡慕之情。这也是为什么小女孩的俄狄浦斯情结会让她幻想有一个和她父亲的孩子。比如 3 岁半的约翰娜指着弟弟的性器官，问她母亲："他为什么会有这个？"随后宣称："他是我和爸爸的儿子。"

也正是在女儿和母亲（作为女性而不仅仅是母亲）的有趣交流中，每位母亲都会向她的女儿传递一些关于女性特质的信息。这样，长大后的女孩会把性兴趣逐渐投向男孩。

儿子担心以后他的"小鸡鸡"比他父亲的小，怎样才能让他放心？

这个问题很可能是由一个 3～7 岁的男孩提出的。从很早开始，男孩就会对他的阴茎表现出兴趣，他会去触摸它、注视它，并向别人展示它。当男孩们观察到女孩没有或有一个"非常小"的"鸡鸡"时，他也会去观察与比较别人的生殖器，比如他的朋友、兄弟和父亲的。因此，大小的问题与是否拥有的事实密切相关，也就是说，与性别认同密切相关。

另外，在孩子眼里，大的东西总是更有价值，于是父亲成了男孩崇拜的榜样，他自然就想知道自己是否能够成为像父亲那样的人。

小男孩对这个的问题的关注也隐含着他与父亲之间（对母亲）的俄狄浦斯之争。小男孩以为自己拥有吸引母亲所需的一切，但他不得不承认这个现实：就生殖器的大小而言，父亲比他要有优势。他的焦虑来自害怕自己被归类到女性那一边，这会把他置于与父亲的诱惑关系中。

比较生殖器的大小将强化孩子的直觉，他会认为他的爸爸妈妈可以在一块儿做点什么，而在这些事情中，阴茎一定会派上用场。

此时父母可以向他证实，男孩的阴茎确实是他的生殖器，就像他爸爸的一样，但因为爸爸是成年人，所以阴茎会更大，这会让他对自己的生殖器放心。这样，男孩通常会自己推断出，他的阴茎会同他一起长大。这样他就不会那么担忧自己不能成为像父亲那样的人，因为父亲曾经也是个孩子——这有助于给爸爸一个真实的而非理想化的形象。

孩子的问题

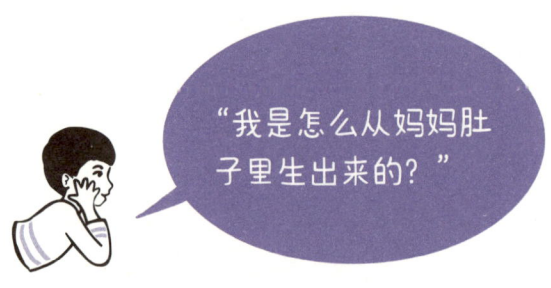

"我是怎么从妈妈肚子里生出来的？"

"我是怎么从妈妈肚子里生出来的"这个问题让孩子很感兴趣。在他提出这个问题的那一刻，无论年龄多大，根据不同的性成熟程度，孩子都有了自己的答案。例如，两三岁的孩子很难区分生殖器和肛门，并认为母亲生孩子就像他上厕所一样。在这个年龄段，还有一些孩子认为男人女人都可以怀孕。如果是这样，大人可以告诉孩子，只有妈妈的肚子才能孕育宝宝。3～5岁的孩子普遍认为宝宝的出口是由医生在妈妈的腹部或肚脐处打开的，所以此时准确地回答孩子的疑问非常重要，这样他们就可以将成年人的回答和自己当前对孕育的理解进行比较。这将鼓励他们继续思考有关性的问题。

孩子会自己想象肚子的内部结构，但他们此时缺乏对阴道存在的认识。从孩子五六岁开始，我们就可以向他解释，胎儿在妈妈的肚子里生长，最后从妈妈两腿之间的一条专门通道出生。这可以使孩子区分胎儿在母体内居住的子宫及其被母体产出时所经过的阴道。孩子由此可以区分性通道和肛门。这也为父母们提供了一次向孩子解释生育过程、谈论肚脐以及讲述宝宝和爸爸妈妈第一次见面的机会。

一般等孩子到了五六岁，我们才会告知他们，宝宝是如何被孕育的：爸爸要放一颗爱的种子在妈妈子宫里，这颗种子会和卵子结合。孩子再大一点时可能会问："那爸爸的小种子是从哪里来的？"如今，五年级的孩子在学校就会学习婴儿是如何被孕育的。若七八岁甚至更小的孩子也对这个问题好奇，我们同样也可以开始和他们谈论精子。虽然孩子还不能通过自己的身体知道精子的存在，然而他会推测阴茎在让婴儿孕育的过程中发挥了作用。这种直觉来自阴茎带给男孩的兴奋感。

"'小鸡鸡'只是用来尿尿的吗?"

我们可以告知孩子,男性的性器官有两个用途:一是用来小便;二是在他长大成人后提供精子。对于女性生殖器的问题,要回到之前提到的关于阴道存在的事实上。父母可以告诉孩子,女人的性器官有两部分功能:一部分用来小便,另一部分用来交配生孩子。

对性行为感到好奇的孩子,我们可以告诉他,这个过程中男性会将他的性器官——他的阴茎,放入女性的性器官,即她的阴道中。这些问题也很可能是孩子在独自思考得出类似的结论后提出的。成人的解释将证实孩子自己的发现。

第三章
儿童的性行为

孩子奔跑、哭泣、喜欢、好奇，接近他人，对抗他人。他能感受到来自身体内部不同的兴奋以及外部——和他人关系乃至周围世界的困扰。性驱力就是他必须应对的这种来自性兴奋的持续性压力。它并不以"原始状态"存在，而是始终与一个画面、一种情感、某个人和某些话语联系在一起。这些性驱力的不同表现形式相互结合，就逐渐形成了幼儿期性行为的背景，这个背景最终会演变成无意识。

孩子从几岁开始会有与性相关的举动？

自慰或亲吻爱人的孩子还不知道他的这些兴奋与性有关。对他来说，这些不过就是诸多乐趣之一，只有到青少年期才能被称为"性"。然而，他幼儿期的这些活动已是一种雏形中的性行为。

弗洛伊德说："事实上，新生儿带着性本能来到这个世界，某些性感觉会伴随其婴幼儿期的发展。"因此，照顾孩子的人成了他们最初的爱和性的对象。

"性"是表现其冲动和体验的图像、语言和情感的总和——儿童的性行为就是通过它来发展的。与成人性行为的方式不同，儿童性行为是分散的和"多态性"的，即其活动是多重的。

弗洛伊德认为，人的身体的任何部位（眼睛、嘴巴、肛门、皮肤）都可以成为性驱力的来源，比如吸吮和亲吻也是重现婴儿吃母乳时的快感。儿童时期，肛门区的活动在激起性本能方面同样十分重要。肠内排泄物扮演着刺激自慰的主体角色，孩子可以愉快地保留或排出它，这对他来说就像是一份礼物，而父母则希望他排便。

在 2～6 岁期间，幼儿的性欲望蓬勃发展，这一时期对应了俄狄浦斯期，我们称之为"阴茎阶段"，因为孩子可以通过阴茎识别男性，但尚未把女性特质与没有阴茎联系在一起。这时儿童的生殖器区域的快感占主导地位，孩子会勃起或经常自慰，性欲望最接近其成年期。同时，炫耀、窥视和求知欲的所有相关行为都可算作性驱力的表现形式。

由此，我们可以理解幼儿期的性本能是"局部的"这一说法，因为它的来源和表现形式多种多样（根据弗洛伊德的"多态倒错"理论）。弗洛伊德也称其为"变态"（弗洛伊德用这个词来指代他那个时代社会可接受的规范之外的行为），因为孩子的性驱力并没有受到诸多自己所不知道的规范的限制。

我完全看不出我孩子的性欲望，这正常吗？

孩子的性欲望并不总是"显眼"的。有些内敛的孩子，他们的父母就很少听到他们问关于性的事情，但这并不意味着他们不与其他人谈论这个问题或对其不感兴趣。性欲是驱力（驱力，即生理性动机，由个体的生理需要所驱动而产生的动机）的表现形式之一。驱力也可以表现在运动、友情、学习兴趣等方面。性意识也以白日梦、幻想和想象场景的形式存在。因此，根据儿童不同的个性、不同的年龄，性欲望或多或少是可以被识别出来的。

每个孩子的先天气质存在差异，有些人的性驱力天生就比其他人强。但先天气质不是一切，还要结合教育、父母的爱、家庭事件、社会背景……如果被身体感觉所支配的好奇心遭受挫败或侮辱，孩子可能会对自己的性欲望感到尴尬、害羞，甚至焦虑。与父母过于越界的交流也会导致同样的后果。这会让孩子一直想要确保他脑海中没有让他尴尬的感觉和幻想，这将耗费他大量精力，并可能影响他的人际关系或学业。

儿童期的性欲望更多体现在口腔或肛门，而非生殖器，不同的年龄有不同的表现。婴儿的口欲是通过吃和把所有东西都放进嘴里的方式来体现的；而肛欲则通过摆脱尿布的那一刻得到了强化：排便与否成为一种与所爱之人交流的真实模式。在2～6岁，生殖器的性欲望更加明显和活跃；在青春期前期则通过自慰或对性的好奇来表现。

孩子在7～12岁时会暂时把性搁置一旁，这个时期即所谓的潜伏期。与俄狄浦斯的乱伦情感相关的儿童早期性欲望，会被"婴儿失忆症"所压倒。性就像被遗忘了，沉到了潜意识中。

儿童性驱力的很大一部分随后会转化为他们的性格特征，并体现在他们会去做看上去与性无关的事情上，这就是所谓的"升华"。例如，肛门驱力会被转化为精工细作时的满足感，窥视欲转化为阅读或摄影，而触觉的快感转化为集体运动或做雕塑，暴露欲则转化为表演艺术的实践……

然而，有些儿童在幼儿早期遗留下来的性欲望仍然很强烈，他们会在潜伏期继续自慰的行为。

发现孩子自慰，我该对孩子说些什么？

孩子从幼儿期开始，会或多或少地用一种隐蔽的方式自慰：夹紧大腿，触摸自己，抚摸别人或和一些事物发生摩擦，在淋浴时用水喷……当这些行为发生在公共场合时，场面会很尴尬，父母也很难找到合适的语言来和孩子沟通。

当父母发现孩子在自慰时，最重要的是，不要责骂他或者命令他去小便。干预的目的不是禁止孩子自慰，而是要告诉孩子他在做什么，更应该让他意识到什么是隐私和克制。因为孩子并没有意识到这是成人所理解的"性"。对他来说，这和其他行为一样，是一种乐趣。所以，从两三岁开始，也就是孩子开始上幼儿园的年龄，我们就可以告诉他："你触摸'小鸡鸡'的快乐是一种私密的快乐，你可以在自己的房间里或在浴室里享受，但不能在别人面前这样做。"孩子需要一定的时间来识别和了解性，自慰是探索性的一个非常重要的手段。此外，他们的生殖器兴奋也可能是由另一种强烈的感觉引起的，比如恐惧。

从六七岁开始，父母应该很少看到孩子有自慰的行为，因为孩子已经学会对自己的性行为有所克制，也开始有隐私的意识。如果家长无意中发现自己的孩子在房间或在洗手间自慰，不必干预，而应关上门，把孩子的隐私空间留给他。但若孩子在这个年纪依然毫不克制地在其他人面前自慰，父母则有必要考虑带他去进行心理咨询。

我们该如何看待孩子之间玩的性游戏？

孩子们扮演妈妈和爸爸，为了兑现承诺而暴露自己的隐私部位、相互比较身体的构造……这些童年游戏自然而然地将他们的好奇心和性感觉融入故事剧情中。大多数性游戏都不会被父母注意到：孩子们会巧妙地确保自己不会被成人发现。

如果父母怀疑孩子之间在进行情色游戏，他们的第一反应应该是确保一个孩子没有恐吓或以施虐的方式控制另一个孩子。童年时期，孩子施暴的冲动确实非常强烈，因为这也是孩子释放自己的攻击性、摆脱现实约束的一种方式，或者是他在其他人身上重复成年人对他潜在的或实际的引诱。

如果父母发现一个或一群孩子正在让伙伴、兄弟或姐妹玩不正当的情色游戏，这种情况下，成人的干预是非常有必要的，并要和孩子一起了解是哪些因素导致了他愿意进行或忍受这些游戏。

如果这些性游戏看起来无害，我们可以建议孩子们用洋娃娃或木偶来扮演角色，这样他们就不需要用自己的身体来进行游戏。这样还可以使孩子们最初的想法被符号化，也就是让他们在游戏中置身事外并保持距离。最后，我们要留意不同年龄的孩子互相玩耍时的游戏场景，不要让年幼的孩子被大孩子的幻想吓到。

孩子过分关注他的生殖器并一直谈论它,我该如何化解?

一个只谈论生殖器的孩子一般都是在试图了解性:他的器官感觉和心理印象向他提出了太多的问题,以至于他不知道从哪里开始或如何提这些问题。所以他整天说他的"小鸡鸡",小便或大便,他自己也不知道为什么要说,虽然这可能也有挑衅的意味。

孩子的这种痴迷往往是从弟弟妹妹出生时表现出来的。弗洛伊德谈到他年轻的病人时说:"妹妹的到来给小汉斯的生活带来了许多新变化,让他从此不得安宁。"虽然他与父母的关系更加密切了,但是,妹妹的出生加深了这个小男孩的孤独感,使他转而思考性的问题。他记得自己在与弟弟妹妹同龄时所得到的关注和快乐,他担心弟弟妹妹的性别比自己的更受欢迎,而使他失去父母的爱。所有这些都可以表现为一种性躁动。

父母应当询问孩子是否对这些话题有疑问,并引导他表达自己对此的想法——想法肯定是存在的。如果孩子正在寻找其他信息,那么父母的回答能平息他的焦虑或内疚感。按照孩子的节奏去满足他因性驱力而产生的好奇心,这将使他能够好好地处理自己的性欲，并将其转向与性无关的活动，如集体活动、拼搭玩具、艺术活动、体育运动……这些都是引导性驱力的理想选择。

我儿子喜欢把自己打扮成女孩，我该阻止他吗？

通常男孩出现这种情况比女孩扮装成男孩更让父母担心，所以了解"孩子的性别认同是如何建立起来的"十分重要。我们不必阻止男孩或女孩模仿异性，但如果这种假扮游戏频繁发生，孩子又对自己的性别不认同，甚至对自己的身份表示怀疑，父母则有必要带孩子进行专业咨询。因为这种情况会让孩子把自己置于引诱同性父母的境地，这在俄狄浦斯情结中时有发生。

通过装扮游戏，男孩体验了他对女性化特征的渴望，女孩则彰显了她个性中活跃的部分。将自己假扮成女孩的男孩想知道他有哪些地方看上去像女人，反之亦然：女孩们对自己没有阴茎这一事实的恐惧也是真实存在的。所以，孩子也是通过扮演异性来减轻自己的阉割焦虑。

孩子的性别认同取决于他们与阉割的关系：自己属于其

中一种性别，而不属于另外一种，这种游戏总有一天会结束或与其他游戏交替进行。根据他们对两性差异的了解，孩子将经历把自己定位为男孩或女孩的阶段。此时父亲的帮助，对男孩决定自己的性别身份是很重要的。孩子需要这些帮助，这样他对父亲的爱就变成了渴望成为像父亲一样的人。

孩子尿床与性发育有关吗？

尿床是孩子在告别尿布后发生的夜间小事故，这使得父母必须起身照料孩子，让孩子如同回到幼年早期。这种短暂的麻烦确实与儿童性心理的发展有关，也就是说，尿床与孩子在语言、情感、教育关系中的儿童性欲望有关。尿床通常发生在夜间孩子的睡眠中，这与他的有意识的生活或意志无关。孩子尿床就好像在做梦，并不一定会让他醒来。

导致孩子尿床的原因多种多样，还有许多特殊情况。睡眠是浅欲望找到通往意识之路的时刻，而睡眠期间的性唤起（性兴奋）可以转为排尿。但它并不总是由性本能（或性欲望）引起的生殖器兴奋，一场噩梦、强烈的焦虑甚至是攻击心理都会导致同样的结果。比如孩子生活中的变动——家中有新生儿出生、丧亲、换新学校或与父母分离等，都会促进这种夜间的情绪"表达"。

责骂孩子或阻止他睡前喝水是没有用的。家长必须耐心地与孩子一起辨识出他们在白天隐藏起来的那些敏感、害羞或攻击性。孩子也可能会表现得像个小宝宝，以求得父母的陪伴，因为在敏感的时刻，有些事情变得难以启齿。

我女儿对我的隐私部位非常好奇，会触摸我和其他人的身体，我该怎么引导她？

这通常是 2～5 岁幼儿的常见行为。在拥有母亲的身体来获得哺育（或依偎在她的温暖怀抱）之后，孩子需要一段时间才能明白，别人的身体不是玩具，也并不属于他。孩子出生后一直是被照顾的对象，他会试图通过触摸来做和大人一样的事——照顾他人。随着孩子对性的好奇心的爆发，这种行为会得到强化。看和摸难道不是孩子发现、探索未知事物的最初途径吗？

这种对父母身体的"侵犯"包含一种引诱的试探，或者是为了与自己的身体进行比较。孩子通过观察自己和他人来逐步学习两性之间的差异。这种学习可以通过口头交流的方式进行。因此，对于有这种行为的孩子，我们必须通过语言来满足他的好奇心，使他的求知欲可以转向其他目标。首先，我们可以告诉孩子有好奇心是一件好事，但成年人的身体和他们自己的身体一样，不是一个可以通过触摸或暴露的方式来探索的物体。其次，我们还可以补充，我们理解他是想了解妈妈或爸爸的身体，并欢迎他提出自己的疑问。我们也可以鼓励孩子把对父母身体的兴趣转移到玩偶身上。例如，他可以像父母照顾他那样去照顾玩偶，而不是直接去触摸大人的身体。

孩子的问题

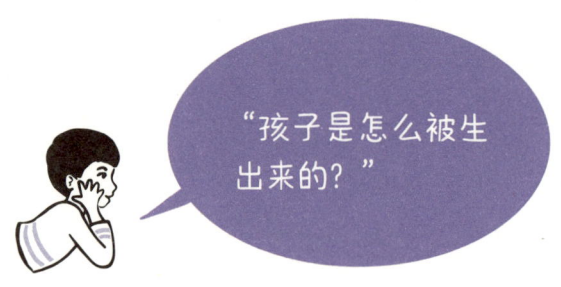

"孩子是怎么被生出来的?"

抛开那些孩子是"从垃圾桶里捡来的"或"石头里蹦出来的"老话儿吧!孩子的提问对他自己而言,是走向世界的第一步,这值得成年人关注。尤其是找到这个问题的答案,将构成一个孩子要努力应对的典型挑战。它涉及孩子对什么是受孕和出生的理解,也涉及死亡的概念:因为如果生命有开始,它就会有结束。

回答这个问题的困难在于,找到适合孩子年龄并可以用来给他们讲解的图片。

弗朗索瓦兹·多尔多说:"如果孩子提出一个问题,那是因为这个问题引起了他的注意,他或多或少已经有自己的答案和想法。"让孩子谈谈他已经知道的内容,可以让成年人的回答尽量接近孩子可能期待的答案。

答案将揭示父亲和母亲的角色：父亲把他的种子放到母亲肚子里，然后孩子在母亲的身体中发育。在孩子的追问下，阴茎和精子的使用也可以提及，还有母亲的阴道。至于受精和胎儿发育的生物学过程通常要等到孩子 10 岁以上才听得懂，但如果年纪小些的孩子对此感兴趣，父母也没有什么好忌讳的。然后告诉他，孩子在母亲子宫的庇护下发育，这是他九个月的家。

起初，我们的解释可能与孩子的意见相左，但没关系。他会被引导着进一步思考。最后，提问会自然地从"怎么发生"过渡到"为什么发生"，父母解答时还可以告诉孩子，他们盼望着他出生，并亲眼看到了他出生。

"我什么时候才有乳房、体毛？我什么时候可以生孩子？"

不同年龄的孩子，可能都会提出这个问题，他们常常渴望长大并像大人一样做事。他们意识到成年人的性成熟度处于另一个维度，与之不同。对他而言，他很难想象有朝一日自己的身体会变得和他身边的成年人或青少年一样,所以父母满足孩子的好奇心,并来配合他的想象力和思考显得至关重要。

我们可以很简单地回答他们这个问题。女孩在10～12岁体毛和乳房开始生长发育,但也可能更晚一些。这些现象预示着孩子青春期的变化。

最后,面对年幼的孩子的好奇心,我们对这个问题的解释越是详尽,他们在青春期就越有可能更好地适应自己身体的变化。例如,6岁的朱丽叶对母亲说,有一天在放学回家的路上,她在公共厕所里遇到了一个流血的大女孩。这让她母亲找到一个向她解释什么是月经的机会。这给了孩子一把了解自己的钥匙。"这些重要的问题在孩子能够真正理解前应当慢慢给予答案,直到他成为大人的愿望被实现。"弗洛伊德曾这样说道。

第四章

欲　望

如果你告诉一个 7 岁的孩子，他小时候认为妈妈有阴茎，他是不会记得的。

所有孩子都会忘记他们的童年早期，因为俄狄浦斯情结一旦过去，他们婴幼儿期的性欲望就被淡忘了。我们说它被压抑了，也就是说，它被赶出了意识之外。这些记忆留在了潜意识中。

和孩子谈论性让我感到尴尬，我该怎么做？

父母与孩子谈论性并不容易，因为即便是作为父母的我们也从未结束自己婴幼儿期的性欲望。为了更好地倾听和理解，我们有时会尝试去回忆曾经也是幼儿的自己。这使我们婴幼儿期难以启齿的性欲望在记忆中复活：施暴、自慰、对父母的乱伦幻想。我们称之为"被压抑物的回归（the return of the repressed）"：它可能表现为一次口误、脸红和激动。

之所以产生这种尴尬，是因为子女对父母的爱，表面上看与性无关，却和性同源。如果和孩子谈论性，可能需要父母重新面对，并且和孩子一起重演自己曾亲身经历的那种对父母的乱伦情感。这种诱惑从某种意义上说是不可避免且必要的，因为它在孩子的俄狄浦斯期唤醒了他们的性本能，并让这个本能随后得到抑制。

"婴幼儿期的性本能从不停止对当下做出反应（一直保持活跃）"，这种性本能存在于无意识中，"它没有年龄限制，永远不会变老或消失"。我们曾在童年被压抑的性欲望，在每次我们说话并语义双关时都会重新出现。父母所经历的尴尬不应使父母气馁，因为这有助于保持自己对婴幼儿期性欲望的压制。"孩子生来具有父母的爱所包含的力量。"杰拉德·波米耶总结道。

如何和孩子聊关于爱、性和欲望的话题？

父母最想传递给孩子的是，孩子能有所作为，他在爱情中会感到幸福，他的生活使他在和别人的关系中能发现并利用自己的能力。

"年轻人必须意识到，对家庭的依恋和想要逃离家庭的渴望，这两者间的拉锯标志着生命的活力。"弗朗索瓦兹·多尔多说。通过关注孩子的矛盾拉锯，父母可以向他传授最好的能力——解决自己冲突的能力。

父母想要将有所作为的欲望和对快乐或满足的渴望传递给孩子，这个想法当然很可贵。但传递的信息还可以包括许多其他内容，比如在家庭中传递禁止乱伦的法则，可以给孩子划定不能越过的界限。它能确保孩子不会成为父母享乐的对象，也将使孩子在离开父母并爱上他人这一天到来时，以某种方式致敬他的父母。

第四章 欲望

我的孩子模仿我的行为和动作,表现得像个小大人,我该和他说什么?

看到一个孩子扮演大人通常会让我们觉得很有趣,但如果这种情况一直持续下去,就会令人不安,因为角色和辈分颠倒了。如果我们的孩子来当父母,世界就会颠倒过来。

我们所处的时代,我们的生活方式和态度,自然而然地引发了父母这样的困惑:成年人想方设法地延缓衰老,那孩子们为什么不能在成长的过程中踩个油门,加快速度呢?

孩子总是期待长大,他们通过模仿父母,将自己投射到未来——一个对他来说就像虚拟游戏一样的未来。并且,由于他不知道成年后的生活会是怎样的,他只能模仿爸爸或妈妈。孩子的这种期待有时很有趣,但当它变成孩子的一种性格或个性特征时,特别是在父母本身就对自己的角色有所质疑的情况下,他们就会更加因此而不安。

孩子的身份是通过接受成年人管理他日常生活的这一事实和规则来实现的。如果孩子无法从父母的那些规则中得到充分的认同,他将代替父母尝试用另一种方式来管理自己,并在家庭生活中摸索规则,同时寻求逃离这些原有规则的机会。

最好的态度当然是让孩子放心,让他相信在同个屋檐下的成年人有自己的责任和生活(婚姻、爱情、职业)。这将避免孩子去想象自己是大人或必须让自己去替代大人的角色。

此外,父母应积极地通过参与、倾听和沟通,保证对孩子身份的必要认可。日常的生活琐事有时会削弱我们观察孩子的耐心,而不去仔细倾听他对自己身上或家庭中发生的事情的看法。多花点儿时间与孩子交流,无论是在亲子游戏时、洗澡时还是在拥抱时,在孩子的每个年龄段都去倾听他的声音,这是帮助孩子认同他身份的最佳方式。

孩子的性别认同是如何建构的?我怎样才能帮助他/她乐于成为男孩/女孩?

当孩子还是子宫里的胎儿时,一旦完成超声波检查,父母就会感性地想知道自己孩子的性别,并开始用不同的方式看待男孩或女孩。而且,父亲和母亲对男孩女孩的考量还会不一样。所以,性别认同不仅仅是由生物学决定的。孩子首先是从他的父母那里得知他是一个男孩还是一个女孩,然后才进行自我性别的认定。孩子的名字，得到的照顾，所玩的玩具和游戏，和大人交流中使用的语言，着装都包含了两性之间的差异。这种社会性的、互动的层面，充满了父母看待性别的所有有意识和无意识信息，从而加强或削弱了孩子的生理性别。

同时，孩子也在他身上和他周围的环境中识别出了性别差异的痕迹。孩子作为男孩或女孩的性别体验，将在他人的目光以及与他人的互动中得到验证。

2岁半到3岁，孩子就知道自己的性别了。这是他性别认同的基础，而性别认同是在与所爱之人的关系中建立起来的。这时候多重认同并存，形成了一种人格，但是性别认同的建构，要先经历儿童时期的爱情选择取向，然后经历青春期，才能完成。

一个人对自己的性别感到满意，这与他的人格观念的产生有很大关系。这种人格观念交织在孩子所采取的多种行为模式中。例如，一个小女孩，她通过像她最爱的歌手那样梳头发或者使用母亲的香水来愉快地建立起她的女性身份。男孩子则会通过与一个好哥们的情谊或与父亲的合作共事，来确立他的男性身份。

最重要的是，成为一个男人或女人的快乐，体现在对欲望的体验，以及对个体差异和除自我以外的其他事物的好奇上。这就是为什么青春期的性欲望可以极好地强化性别认同。

我一个人抚养孩子，关于婚姻和爱情，我要怎么和他解释？

单亲父母或与另一半轮流照看孩子的父母，通常会担心他们是否能将爱和希望传递给孩子。例如，他们担心他们对爱情和婚姻生活的描述，在自己所经历的失败面前会失去说服力，或者担心自己无法独自为孩子提供必需的情感参照。

弗朗索瓦兹·多尔多建议父母"必须将独身的原因告诉孩子"，而且不能把这些原因归咎于缺席的那一方父母。不在孩子面前评判另一方父母并不容易——尤其是在分离时，孩子很痛苦的情况下。但这很有必要，因为孩子往往会对这种分离感到内疚。我们必须向孩子解释，当父母分开时，他们虽然离开了彼此，但这与孩子无关，父母并没有离开他们的孩子。弗朗索瓦兹·多尔多还总结了一些安慰孩子的话："如果没有你的父亲，你就不会出生。当你来到这个世界的时候，我爱他，正如我爱你一样，这证明了他身上有些非常好的品质。"

如果单亲父母没有将自己的前配偶（孩子的另一方父母）拒之千里，那么孩子会更加愿意与父母一方的新伴侣共同生活。因此，孩子可以让原来的父母如参照物一般象征性地存在，尽管对方实际上并不在身边。当一个孩子不认识他的其中一个父母——比如父亲在他母亲怀孕期间就离开了，这件事虽然很痛苦，单亲父母也必须说给孩子听，并且不要否定对方。

单亲父母最好定期与其他父母交谈，并确保有自己的社交生活——与朋友、同事等交往，以免让孩子觉得他可以占据伴侣这个角色的位置，或者认为单亲父母为他"牺牲"了自己。这可以使孩子在心理上预留出给第三者的位置，这对孩子的成长至关重要。

儿童性欲望的哪些表现可能是病态的，并需要咨询心理医生？

当孩子的心理出现问题时，他们会用不同的方式表达：

沉默寡言、失眠、发脾气、抵触上学、尿床……父母应该尽力去区分，看看哪些是孩子的正常表现，哪些又反映了他们内心的煎熬。

没有坎坷的童年是不存在的，因为性驱力不可能被完全满足。儿童在成长发育过程中所做的巨大努力，使他处于在可能与不可能之间徘徊的紧张状态。童年期间的短暂症状以某种方式表现出这种冲突，我们称之为儿童神经官能症，它是良好生命力的标志。

童年有三个时期会出现不同的问题。

在 2～6 岁的幼儿期，恐惧症是最常见的症状。孩子会做噩梦、害怕黑暗、害怕出门、害怕上学、害怕某些动物。他的想象力妖魔化了一些和自己、父母有关的可怕的人或事。他会通过这种恐惧症状态跨越分离期。

在 7 岁之后的潜伏期，他们的症状比较隐秘，比如爱发牢骚或蛮横无理。孩子可能抵触做某些事，却对另一些事过分细心。

11 岁或 12 岁，孩子进入青春期前期，这时他们开始向青少年转变，此时的症状主要体现在饮食、睡眠或与父母的关系上。

然而，孩子对自己性格和个性的肯定并不是一种症状。弗朗索瓦兹·多尔多在这方面提及了一个孩子的"所谓缺陷"，这些"缺陷"往往是我们要去培养孩子获取的品质。

但是，不管孩子是在什么年龄，如果他看起来很焦虑、反复做噩梦、缺乏自信、过于谨小慎微或相反地，容易躁动，则建议父母去进行咨询。症状的持续时间、强度或父母对这个问题的直觉，是判断孩子是否会往病态方向发展，是否需要去咨询专业人士的参考因素。父母首先应当与儿科医生确认孩子没有生理方面的障碍。然后，儿科医生可以给父母提供心理或精神分析咨询方面的帮助。

我想让我的孩子警惕猥亵儿童行为，但我怕他会对此产生心理阴影，我该如何谈论这个话题？

孩子参加夏令营或加入某些有教育工作者监督的旅行，常常会引起父母对性侵犯可能性的恐惧。告知孩子某些成年人可能有反常行为，这是完全合理的。因为孩子常常对教育工作者十分信任，这让他们难以应对可能发生的教育和性方面的违规行为。此外，猥亵儿童行为也可能来自与孩子亲近和熟悉的人，包括家人。

让孩子保持警惕并不会造成孩子的创伤，只要父母不反复纠结其中，和孩子谈论一两次就足够了，一般学校也会对这个主题开展教育。

我们可以这样告诉孩子："你需要对这种情况保持警惕，以防有一天它发生在你身上。有些成年人生病了，他们的病症表现为试图看到或触摸孩子的身体，或者要求孩子去触摸或亲吻他。我们绝对禁止成年人对你这样做。如果发生这种情况，你必须阻止那个人，并且立即告诉我这件事。"

如果孩子看上去对此很担心，因为他已经从周围听到许多关于这个话题的谈论，我们最好向他保证："这也许永远不会发生在你身上，但我要让你知道这个问题是存在的。"如果孩子问这些人得了什么病，我们可以说这是一种精神疾病，叫作"变态"。

孩子的问题

"一个大人会爱上我吗?"

我们可以用一个虚构的小故事来回答这个重要的问题,这会提醒孩子欲望的根源。

"一个成年人不能爱上一个孩子,他只能爱上另一个成年人。因为有一条法律是人类社会的基础,它说了两件事:孩子长大后会选择家庭以外的爱人,并离开各自的家庭;一个成年人不能爱上一个孩子,一个孩子也不能把自己的爸爸、妈妈或另一个成年人当作爱人。"

提出这个问题的孩子可能感到自己对一个成年人有着非常强烈的感情,并试图寻求感情上的回报。他们也想知道,在与父母充满温情的日常生活中,幼儿期的性欲望与他感知中的成人之间的爱情有何区别。

我们可以补充说:"我对你的爱是父母对孩子的爱,这与我对你母亲(或你父亲)的爱是不同的。那是夫妻之间的爱。"这样的话向孩子阐明了辈分的意义,因为他的问题当然与他对父母的俄狄浦斯情结有关。

"为什么猥亵儿童的人会被关到监狱里?"

问这个问题的孩子了解什么是猥亵儿童吗?我们有必要确定这一点,并在必要时告诉他,猥亵儿童行为是一种心理变态行为,也就是说,这是一种促使成年人想要诱惑孩子的精神疾病。

然后我们可以回答,猥亵儿童者入狱是因为人类社会认为他们的行为是犯罪。猥亵儿童者有罪,是因为他们不尊重儿童的人格。他们的做法无视了禁止成年人爱上孩子并禁止触摸孩子身体的法律。

对处于青春期前或青春期的少年，我们可以一起讨论这种犯罪的特殊性：猥亵儿童者是这样一类成年人，他们的性意识止步于儿童时期，因此他无法顾及禁止乱伦的法令，无法在规定了不同辈分之间关系的法令中成长。面对孩子的时候，在他疯狂的意识里，他不认为自己已是个成年人。

第五章

青春期,孩子通向成人性征的过渡期

青少年的父母经常观察到孩子态度的变化：女孩会拒绝父亲的一个温柔举动，男孩则不再依偎在母亲怀里。这些反应都是正常的，它们与性能力（或性力）的出现有关。

青春期重塑了幼儿期的印象，通过追溯过往，孩子们发现了自己在幼儿期所不了解的关于性的真正意义。孩子以全新的方式与父母交流。在儿童期，他们只看到了将自己与父母联结在一起的温情；而在如今的青少年期，他们意识到了性的层面，于是再次压抑它……这是第二次产生俄狄浦斯情结。

孩子青春期前后有什么变化？我应该帮助孩子为这个变化期做好准备吗？

当你听到儿子的声音开始变化，或看到女儿的胸部开始变大时，你会和自己的孩子一样，对即将到来的变化感到担忧。这是因为父母和孩子之间的关系将从整体上发生决定性的转变。孩子的性征和恋爱关系很快就会与成年人的一样。

从 11 岁或 12 岁开始，青春期前的孩子对性产生了新的兴趣并重新开始自慰。越早在教育中考虑青少年的性征，他们就越能体验到赋予他活力的情绪和强烈感觉。然而，父母很难为孩子青春期的到来未雨绸缪，因为孩子那时的欲望是前所未有的。青春期最具代表性的时刻就是发现性欲的那一刻。

当然，最明显的变化是孩子的身体：男孩新长出阴毛、腋毛和胡须，生殖器增大，荷尔蒙使他的体型发生了变化。这是一个渐进而惊人的转变。父母甚至经常感到自己认不出孩子了——孩子已经不再是儿童了。青少年也不知道自己将成为什么样的年轻人，但他们将离开童年，以新的身体迎接新的自我。青春期的身体不仅仅像在童年时那样不断地成长，它的形态也在不断地变化，让青少年获得性和生育的能力。

现在，他们的性征与其父母旗鼓相当，如弗朗索瓦兹·多尔多所说，"精神必须适应身体的变化"。

帮助孩子为这种变化做好准备，意味着父母要准备好成为年轻人的父母，并逐渐脱离从前的亲子关系。在孩子最终成人之前，青少年将面临第二次俄狄浦斯情结，当然，这也牵涉父母。它使人们能够最终压抑童年的乱伦意识，只留下温情的日常。因此，青少年的性爱和柔情将会指向他们最早的爱侣。然而，青少年对自己的全新冲动有时会有些过度兴奋或沮丧，有时会失去日常的现实感。此时，家长在教育中扮演的角色不会很有趣，却很重要：在必要时稍微安排一下孩子外出和学业的日程。即使这可能会让青少年埋怨，但这种教育安排非常重要，它可以避免孩子过于突然地从童年的懵懂一下迈入性和社会层面的自我独立，因为这些需要渐进地学习。

我如何与女儿谈论她的月经初潮，或和儿子谈论他的第一次射精？

这个问题常常折磨着父母，他们害怕自己问得太尴尬，或者不合时宜（问得太早或太晚），甚至害怕被孩子误解。

但对于青春期前的孩子，如果我们的交流方式得当，他们会认识到为即将到来的身体变化做些准备是很重要的。如果不去和孩子谈论这个问题，那将是令人遗憾的，因为这些是孩子青春期前重要而惊人的大事，通常会让人铭记一生。让孩子知道会发生什么，将有助于他们适应性生活中的这一刻。这可能是父母传递给孩子的最后一个性教育观念。

我们很难准确地知道何时谈论这些话题比较合适，因为每个孩子第一次月经和第一次射精的年龄不同。一般来说，第一次月经发生在 11~12 岁，而第一次射精发生在 13~14 岁。所以和 10 岁左右的女孩谈论月经，和 12 岁左右的男孩谈论射精，可以给他们提前提供一些信息。最好是母亲和女儿聊，父亲和儿子聊，这主要是因为我们更擅长谈论自己知道的事。但也不用把自己的经历讲得太详细，这可能有损自己的体面。

母亲可以告诉女儿，她的身体正在成长，很快就会长成一个年轻女性的身体，而关于这一点，自己有些话要对她说。

"也许你已经听说过月经和经期，随着你的长大，这件事很快就会发生在你身上，我想和你谈谈这件事，这样一来，你就不会对将要发生的事太过惊讶了。"在和女孩谈月经之前，我们可以提一下身体分泌的白带，女孩可能已经注意到了，我们可以告诉她这预示着身体在为排卵做准备。这些分泌物来自女孩在青春期将要认识的身体部位——阴道。我们可以将每月失血、排卵，以及月经后身体可以受孕的新能力都串联起来讲给孩子听，还可以讨论经期的护理和痛经等实际问题。

对于男孩，我们可以从他已经知道的勃起开始谈："你可能已经感觉到你的阴茎有时会变得坚硬和肿胀。我想告诉你，因为你正在长大，很快你将经历第一次射精，也就是说精子会从你的阴茎中出来。第一次发生时，你会有一种奇怪但是很愉悦的感觉。正是因为你的精子，你以后才能让你的妻子怀上孩子。"第一次射精不一定发生在睡眠中，也有可能在孩子自慰时发生。我们要尊重孩子的隐私，绝对避免监视他的被褥，不可以不敲门就进入他的房间，或者发表任何评论。

当我们让青春期前的孩子为第一次月经或射精做准备时，也可以将生育与避孕问题联系在一起讲给孩子，那么以后再谈起这个问题时，就没那么尴尬了。

与青春期的孩子谈论避孕或第一次性关系,是否干涉了他们的隐私或不太合适?

我们不应与进入青春期的孩子谈论第一次性爱,这不是父母应该扮演的角色。然而,一些父母看到他们的儿女仅仅因为想"像其他人那样",而急切地寻求第一次性经验时,可能会建议他们等到自己准备好之后,再和相爱的人发生性关系,因为那会是一次很美妙的体验。

他的自慰体验会让他为愉快的性接触做好准备。如果对性行为有疑问,他会咨询父母以外的人。另外,应当让他接受避孕方面的教育。

避免贸然干涉的最好方法是,在他第一次发生性关系前就让他预知到你将与他谈论避孕的方法。我们可以把避孕套推荐给男孩或者女孩,因为这是避免感染性疾病的最安全的方法。

"为了让你在想发生性关系的那天知道什么是避孕,我现在希望和你谈谈避孕套的问题。发生性关系时使用避孕套,可以避免你们在未准备好的情况下受孕,同时也能降低性疾病传播的风险。"

我们可以进一步解释：在药店或超市可以购买到避孕套，避孕套的有效性取决于它的防水性，必须看清楚它的使用有效期。还可以询问青少年是否见过避孕套，是否知道如何使用它。

同时，妈妈也可以为女儿预约医生以拿到避孕药的处方。但这种避孕措施最好是为一段持续的恋情而保留。在最初的性经历中，避孕套是保护自己免受性疾病侵害的最佳方法。

最后，重要的是让青少年——无论是女孩还是男孩，都意识到怀孕的风险。如果他们在发生性关系时忘记服药、避孕套有问题或没有避孕，父母必须提醒青少年要迅速做出反应，不要焦躁地等待可能的后果。女孩可以在事后第二天服用避孕药，但这本身并不是避孕最好的方法，只能偶尔为之。

我发现14岁女儿的姿态和着装过于性感，我该怎么和她说？

青春期的孩子，身体有了很大的变化，当孩子看到自己"崭新"的身体时，往往感到惊讶或尴尬，他们有时想要隐藏它，或者刚好相反，想去炫耀自己的身体。在这种情况下，对于女孩们来说，内衣能更好地凸显出她们身体的结构和线条；涂厚厚的睫毛膏会让眼睛显得更突出；而唇彩则让嘴唇闪闪发光——有时甚至有点过于引人注目了。至于男孩，他们对发型和外貌的重视，在我们看来也有些太过了。有时青少年日常的装扮充满着性挑逗，甚至大大超出了社会习俗所允许的范围。对此家长们惊慌失措——他们的孩子在短短几个月内，就成了一个俗气的欲望体。他们担心青少年的生活会失控、堕落，尽管孩子本人并不会这么怀疑。

当然，你可以禁止孩子穿得太离谱，但你可以放心：一般来说，他们看上去挑逗的姿态并不是他们通往性行为的表现。相反，它更像是一个阶段性的宣誓，那些看上去滑稽可笑的装扮，是这个少年在向周围的人表明自己正在长大。他通过这种方式，想在别人的目光里收获自己身上正在努力驯服的欲望。被他人渴望会帮助他了解自己、爱自己，积极地配合自己身体的转变。青少年试图通过选择发型或着装风格来树立自己的个性。选择成人般的诱惑符号，也使他们能够压抑自己尚未成熟的性欲望，并拥有最初的情欲体验。

怀有俄狄浦斯情结的青少年对异性父母的诱惑会以某种退行的方式表现出来，比如像小男孩或小女孩那样请求被拥抱。或者相反，通过完全成人式的挑逗、调笑与另一方父母展开竞争。和童年时期一样,父母要注意不能纵容与青少年孩子之间的这种诱惑关系。

为此,最好的态度是孩子的同性父母能够腾出时间来安抚孩子,为孩子提出建议,从而消除自己和孩子之间(对另一方父母)的竞争,加固禁止乱伦的屏障。例如,母亲可以称赞女儿的第一次化妆,或者父亲在儿子购买他的第一件男士夹克时提供建议……在青少年期,诱惑是一件需要认真对待的事。

我的孩子正值青春期,他和一个同性朋友形影不离,似乎对异性完全不感兴趣,这正常吗?

与最好的朋友保持一种亲密、默契的关系,这种情况在青少年这个阶段也是十分常见的。我们常见到两个关系要好的女孩子穿一样的衣服,她们品位一致,言谈也一致。她们会互相安慰,有时还会睡在一起。这时,父母可能会担心孩子缺乏个性或社交技能,甚至会担心这种同性的友谊对孩子产生的影响力太大。

但友谊对于青少年来说很重要,这样他们才能通过对照来发现自己潜在的吸引力，并和对方分享自己的心事。此时的他们，对异性敞开心扉还需要一段时间，即使这两个好朋友似乎对性不感兴趣，但性也很可能占据他们一大部分的话题。这种互相吸引，有的可能会发展到偶尔搂搂抱抱，甚至真正的同性恋情，但它是一个过渡阶段，可以让孩子远离对两性差异的恐惧，直到他们开始接触异性。

此时，父母不再是他们优先选择的交谈者。青少年在他们选择的朋友身上找到了自己的影子，他们也找到了可以倾诉自己这个年纪烦恼的对象。此外，这种友谊的亲密无间，会让青少年想起自己童年时期与父母的关系，那种逐渐远去的、让他们怀念的关系。

孩子需要感到被爱，除非这种关系对他们真的产生了不良的影响，否则父母应当尊重青少年这个长大成熟的过程，并接受自己不再是他们优先选择的知己。

青春期的孩子饮食失调，看起来有些抑郁，我该怎么帮助他？

一个饿了就在餐桌上给自己添三次饭的少年，和一个暴食症患者是不一样的。后者只要一个人在家,就会把冰箱里的食物都吃光。同理,一个密切关注自己的体重,每天上几次秤的年轻女孩,与一个连续数月每天只吃一个苹果和一盒酸奶的人也毫无关联。饮食行为的重点在于强度和持续时间,这个年龄段常见的忧郁情绪也是同理。所以父母不必过于担心那些在每次家庭聚会时,因为厌倦生活而叹息的青少年,他们的情绪不同于那些把自己关在房间里好几个月,愁眉苦脸的人。

父母只有遵循自己的直觉,才能在孩子身上觉察出那些他们试图表达的、真正的痛苦迹象。对于那些经常说到死亡,经常表现出冷漠、抑郁、自闭,经常旷课的青少年,或者那些经常失眠、不吃饭、体重骤减、经历过暴食症的年轻女孩,我们决不能掉以轻心。

青春期出现的身份认同和人际关系问题,会使孩子投入大量的心力,如果出现前面所说的几种情况,那么他们可能需要精神科医生或心理学专家的陪伴和帮助。

父母可以告诉孩子,自己很担心他,因为他看起来状态不好。"你应该去找这方面的专家谈谈,因为当我十几岁的时候并没有和你一样的困扰。"弗朗索瓦兹·多尔多进一步指出，对这个年龄的青少年的治疗工作包括"倾听这个年轻人的新发现，倾听他在上一次危机（即俄狄浦斯危机）中的男女关系"。这方面的专家将帮助青少年认识自己，这样孩子就不会因为焦虑而压抑性的渴望。

小学阶段后期或初中阶段，青少年之间会通过手机传播色情视频，我该如何正确干预？

父母发现这种情况时不必小题大做，但面对色情制品对青少年的危害，父母的禁令和口头教育是非常有必要的，它可以起到保护孩子的作用。因为大部分这种读物或视频为了博人眼球而充斥着暴力和色情，存在鼓动年轻人越轨和争风吃醋的风险。这些色情制品通过激起青少年强烈的身心感受，可能会让他们上瘾或引发他们的恐惧。

帮助孩子把他对充斥暴力画面的感官刺激及好奇心，与对外部强加的性爱模式的兴趣区分开来，是很重要的。同样，要禁止孩子向所谓的朋友发送个人的或接收别人的裸体照片，因为这些照片可能会在当事人不知情或出于骚扰目的的情况下被披露。

性属于感性、言语和幻想的范畴，滋养于青少年看到、听到和感受到的事物。这方面的成熟形成于青少年对自己、对对方和对两人共同愿望的尊重，这是很宝贵的。

为了满足特定年龄的幻想，我们可以提供给青少年大量的文化资源，如电影、漫画、小说、艺术作品等内容，这些都可以让他们创造出有关性爱和情欲的美丽元素。

孩子的问题

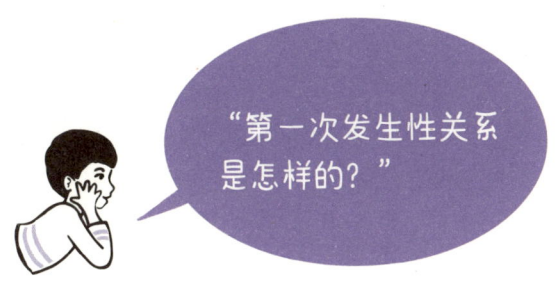

"第一次发生性关系是怎样的？"

这是困扰每个青少年的问题。原则上，青少年不应该与父母讨论这些问题，而应该和父母以外的朋友或其他成年人讨论。因为父母的回应大都比较含糊和隐晦，会引起太多年轻人对父母性行为的遐想，从而妨碍他们自己的发现。我们可以回答："当你自己经历的时候，你就会知道了。"或者回答："这是一个很好的问题，说明现在你已经长大了，你不妨去问问爸妈以外的人。"另外，我们可以引导孩子去阅读，例如弗朗索瓦兹·多尔多的一些优秀著作，这类书将帮助他们自己找到答案。如果你不是以父母的身份来回答这个问题，那我们可以向孩子提及，成年后，发生性关系是自然的行为，同时也需要和心仪的人在相互磨合中不断学习。

第一次性交对于男孩来说比较容易，因为射精保证了他们的性高潮。然而，不可忽视的是，当年轻男孩掌控了主动权，这种责任感与情感的结合会使他担心自己的性能力。而对于女孩,我们可以告诉她,她通过自慰而发现的快乐将有助于她引导自己的伴侣。学会给予和接受这种欢愉,很大程度上取决于爱抚的方式和对身体的野性诗意(或兽性之美)的信心。

如果青少年坚持要和父母讨论此事,我们可以告诉他们,我们会和专业的医生预约,让医生解答他们的疑虑。

"我的身体让我害怕,我正常吗?"

怎样在这个我们还不认为具有吸引力的新躯体里认识自己?怎样理解那些我们还不知道是属于色情的强烈欲望?这可能是一个青少年的内心独白,无论是自己的外在形象还是内在感知,这些都使他感到迷茫甚至焦虑。

孩子害怕从未经历过的事情是非常正常的。但如果他对自己的身体感到别扭甚至陌生,那他就会产生痛苦。因为思想的转变并不总是与身体的转变同步,恐惧也表明了有一种渴望释放的强烈欲望。如果孩子的恐惧让他长时间经受着耐心的考验,并都无法改变,那么最好由朋友、父母或专业人士帮助他解决问题,缓解这种焦虑。只有加强与他人的交往才能让他克服对自己性征的陌生感。

结　语

父母认真回答孩子"我是从哪里来的"这个问题，不仅能使孩子获得如"一个身体从另一个身体出来"的出生观念，也是在用一个美好的故事向心存疑惑的孩子展现真实的生活。

我们了解到，人类的性，从一开始就是通过肢体动作和话语与他人建立关系的。谈论它是生命很重要的一部分，因为孩子会通过爱和性来发现自我，并走近不同于他的人或事。

在某种程度上，对孩子的性教育可以像其他领域的教学一样。但这门学问的特殊性在于，它是以亲子之间的沟通作为基础的。如果父母不能给出所有答案，那孩子可能会在这些主题上尽情发挥自己的想象，因为这和从外界获取知识一样重要。

父母陪伴孩子走过童年和青春期，仅仅只了解他们的身体和情绪是不够的，还要了解他们的欲望及告诉他们欲望的法则。坚持与孩子交流沟通，告诉他关于性的基本原则，就是父母在允许青少年拥有自己的家庭故事——一个支持他爱的愿望的故事。

当我们对一个孩子提出的问题产生疑惑或犹豫时，最好的办法是回想一下自己的童年或青春期，然后对他们未来要面临的问题给出一个全面而开放的答案。

如何让孩子更加自信?

父母问问题，大师来回答

[法] 弗拉斯卡罗洛·穆蒂诺 / 著
楼时钰　丁海娜 / 译

一本帮助你教出自信的孩子的指导手册

长江出版传媒　长江少年儿童出版社

图书在版编目（CIP）数据

父母问问题，大师来回答. 如何让孩子更加自信 /
（法）弗拉斯卡罗洛·穆蒂诺著；楼时钰，丁海娜译. —
武汉：长江少年儿童出版社，2023.5
ISBN 978-7-5721-3852-2

Ⅰ. ①父… Ⅱ. ①弗… ②楼… ③丁… Ⅲ. ①少年儿
童—家庭教育—问题解答 Ⅳ. ①G782-44

中国国家版本馆CIP数据核字（2023）第056700号
著作权合同登记号：图字17-2023-063

FUMU WEN WENTI DASHI LAI HUIDA
父母问问题，大师来回答
RUHE RANG HAIZI GENGJIA ZIXIN
如何让孩子更加自信

［法］弗拉斯卡罗洛·穆蒂诺 / 著　楼时钰　丁海娜 / 译
责任编辑 / 马瑞芬　　黄　琼
装帧设计 / 康苗苗　美术编辑 / 徐佳慧
出版发行 / 长江少年儿童出版社
经销 / 全国新华书店
印刷 / 广州市金骏彩色印务有限公司
开本 / 889×1194　1 / 32
印张 / 11.375
印次 / 2023年5月第1版，2023年5月第1次印刷
书号 / ISBN 978-7-5721-3852-2
定价 / 140.00元（全4册）

BIEN SUR QUE TU VAS Y ARRIVER

copyright 2020 by Editions Nathan, SEJER, Paris – France
Édition originale : BIEN SUR QUE TU VAS Y ARRIVER by France Frascarolo-Moutinot

本书中文简体字版权经法国Nathan出版社授予海豚传媒股份有限公司，
由长江少年儿童出版社独家出版发行。
版权所有，侵权必究。

策划 / 海豚传媒股份有限公司
网址 www.dolphinmedia.cn　　邮箱 dolphinmedia@vip.163.com
阅读咨询热线 027-87391723　　销售热线 027-87396822
海豚传媒常年法律顾问 / 上海市锦天城（武汉）律师事务所　张超　林思贵　18607186981

目 录 CONTENTS

第一章
什么是自尊、自信？

什么是自尊？	03
怎样叫作"有自信"？	04
自信，是有则全有，无则全无吗？是得到之后就永远拥有吗？	05
自信的增强必须建立在成功的基础上吗？	06
自尊和自信两者之间有什么联系？	08

第二章
如何保持及发展自尊与自信？

从孩子几岁开始，我应该关注他的自信心？	13
孩子怕黑，我该如何做才不会伤害他的自信心？	15
孩子不停地提问，这与自信有关吗？	17
家里有了二胎之后，老大就开始显得自闭，我该怎么做？	19
如何赞美孩子才能不让他对赞美产生依赖？	21
为了避免伤害孩子的自信心，我要给孩子完全的自由吗？	22
孩子有"不良"或不当行为，有什么办法可以替代惩罚？	24
如果我经常称赞孩子，他会不会变得自负？	25

我不习惯赞美孩子，
有其他方式可以让我来帮他提升自尊和自信吗？ 26
我有时很难理解我的孩子，该怎么办？ 27
父母一定比孩子更清楚什么对孩子是有好处的吗？ 29

孩子的问题 31
◎ "我真希望能像爸爸或者艾蒂安叔叔一样！"
◎ "妈妈，我想成为超人！"

第三章
如何确定孩子是否缺乏自尊与自信？

我儿子很害羞，这是缺乏自信的表现吗？ 35
我女儿总是问我她做得对还是不对，我该怎么回应？ 37
孩子总是一遇到困难就向我求助，我该怎么做？ 37
孩子有自闭的倾向，我该担心吗？ 38
孩子虚构故事，捏造事实，这种情况严重吗？ 40
我儿子觉得自己太瘦、太高了，他为此感到自卑，
我该怎么帮他？ 42
孩子过分自信好吗？ 44

孩子的问题 45
◎ "爸爸，我永远做不到！"

第四章
什么会有损孩子的自尊与自信？

孩子总是闯祸，我忍不住去惩罚他，
惩罚会损害他的自信心吗？ 　　　　　　　　　　49

应该完全禁止惩罚吗？ 　　　　　　　　　　　　50

孩子做事笨手笨脚，
我怎样在不伤害他自尊心的情况下帮助他获得信心？ 52

孩子的成绩单上总是有"可以做得更好"的评语，
这真的是在鼓励他吗？ 　　　　　　　　　　　　53

当孩子做错事，大人经常会说："你该感到羞耻。"
到底能不能这样说？ 　　　　　　　　　　　　　53

为了保护孩子的自尊，哪些言行应被绝对禁止？ 　54

对孩子展现自己的不良状态，是否会削弱孩子对我的信心，
加重他内心的不安全感？ 　　　　　　　　　　　56

我和伴侣的关系出了问题，
如何做才能减少对孩子的负面影响？ 　　　　　　57

我想让女儿以她哥哥为榜样，以此鼓励她更听话，
这是个好主意吗？ 　　　　　　　　　　　　　　59

自主和自信之间有联系吗？ 　　　　　　　　　　60

父母经常因工作外出，这对孩子会有伤害吗？ 　　62

我常常过于担心孩子，如何让孩子不受到我的影响？ 62

如何克服内心的恐惧？ 　　　　　　　　　　　　64

孩子的问题 65
◎ "不管怎样，你总是责备我，我看得出来你更喜欢我弟弟！"

第五章
如何帮助孩子找回自尊与自信？

孩子总是说"我做不到，我永远做不到"，该如何帮助他？ 69
孩子收到负面评价的时候，我该如何帮助他？ 70
孩子因害怕而不敢尝试，父母如何帮助他正确看待失败？ 71
孩子的自尊心跌到了谷底，我该怎么做？ 73
父母是否应该从孩子年幼时就鼓励他克服恐惧，
勇敢地尝试？ 75
孩子自我批判时，我感到很无助，该怎么办？ 77
让孩子对自己的缺点有所了解，这样好吗？ 78
我不够自信，如何让孩子不受我的影响？ 81
孩子爱撒谎，我不再信任他了，怎么办？ 82

孩子的问题 84
◎ "我考试又没及格。为什么会这样？我真是一无是处，无论做什么都会失败。"

结　语

第一章

什么是自尊、自信?

自尊是由我们对自己的所有判断组成的。如果这些自我判断是积极的，自尊就被认为是强的；如果这些自我判断是消极的，自尊就被认为是弱的。自尊往往与自信齐头并进，而后者是指一种内在的安全感——能够相信自己。自尊和自信可以分别体现在不同的方面（情感、智力、人际关系、动手能力等）。

什么是自尊？

自尊是我们对自身价值的肯定、对自己的判断。这种评价可以通过将自己与理想中的自我进行比较、与他人进行比较，或者通过自我欣赏来建立。如果我们理想中的自我与现实相去甚远，我们的自我认同感就极有可能很低。这样会导致我们自我否定，我们的自信心就容易受到打击。同样，倘若我们喜欢拿自己和他人进行比较，那么我们对他人有怎样的主观判断将决定我们的自信程度。这种方式会让我们习惯性地在别人身上寻找缺点，用以弥补自己自尊心的不足。但与此同时，我们也会把一些想象中的品质赋予他人，因而影响到自己的自尊——当我们发现一个自信满满的人，事实上却非常害羞时，我们是不是也曾感到非常惊讶和不敢相信？所以，尽量少与他人比较，从由衷地欣赏自己中建立起来的自尊是最令人舒服的——只要这种自赏不是取决于别人的判断。

事实上，当我们需要被人重视以获得良好的自尊时，我们会发现自己将处于任人摆布的境地。如何培养良好的自尊？我们可以依据以下原则：每个人都是独一无二的，从根本上说，我们都拥有相同的价值，因为无论我们过着怎样的生活，我们都生而为人。

怎样叫作"有自信"？

从字面上理解"有自信",就是一个人对自己有信心。它是一种信念,或者更确切地说,是一个人的信念的总和,但不是既定的真理。信念是一些假设,我们经常有意无意地用它来解释发生在我们身上的事情。一大部分信念是由我们的判断构成的。关于对未来的预测也是信念,因为我们不知道它们是否会实现。信念没有好坏之分,但有的信念能引导我们向上,有的却会把我们拉入低谷。如果我们认定自己一文不值,就会产生负面情绪,而相信自己有价值,就能产生幸福感。但无论是怎样的信念,都是我们对现实感知的过滤器。比如,即使是同样的行为,可能一些人认为它是好的,而另一些人则认为它是不好的。所以,我们要明白,这些信念既非现实也不是真理——它们可以根据我们的需求,随时被质疑、改变或调整。

信念不仅为我们的生活增添色彩,也让我们倾向于寻找任何能增强它的事物。如果我们相信生活是一种负担,我们就会偏向去注意支持这一观点的所有事件,而忽视与此相对立的方面。相反,如果我们认为生活是一份赠予,我们就会保留能证实而不是否定这个观点的线索。因此,我们的信念体系在我们的生活方式和幸福感中发挥着重要作用。而我们的孩子，也将会继承我们的大部分信念，因此我们必须要有意识地关注自己的信念，并努力地加强那些让人获得幸福感的信念。

自信，是有则全有，无则全无吗？是得到之后就永远拥有吗？

事实上，我们可以把对自信的理解分为三个层次。

首先，自信是我们对"我是谁"的信心。这和我们是否接受自己的身材、年龄、性别，以及家人和周遭人赋予我们的角色有关。它与我们曾经和现在是否感觉被爱，是否被亲近的人看重，以及是否感到被倾听、被认可和被尊重有关。

其次，自信是我们对自身诉求的信心。它与我们的欲望和欲望被接受的方式有关，也与我们的价值以及他人对我们在家庭中的角色（支持者、开心果、受气包、自由分子、突破者……）的认可存在关联。

最后，自信是我们对自己能够完成的事情的信心。它与我们的能力（运动力、动手能力、智力……），我们习得的知识、技能，我们的成就，以及我们和周围的人所认可的价值相关联。

所以，保护我们孩子的自信，培养它，或者帮助孩子恢复它，都是我们作为父母的职责的一部分。这部分职责的作用不仅体现在一些大事发生时（遭遇失败或成功），也体现在日常生活的一言一行中。

尽管亲近之人对我们建立自信或摧毁自信影响重大，但是最终仍然要依靠我们自己来保持、发展和恢复自信。对我们的孩子来说，也是这样。我们不可能把自信强行灌输给他们，而只能帮助孩子呵护、增强、恢复他们的自信。

自信的增强必须建立在成功的基础上吗？

我们认为成功可以增强一个人的自信（或者说构成自信的一系列信念），但实际上它也不是建立自信的必要条件。我们可以说，自信是与生俱来的。

承认自信心的与生俱来，这就意味着我们必须帮助成长中的孩子保持并且培养自信，而那些已经失去自信的年轻人或成人也可以重建自信。

年幼的孩子们不会自问:"我能做到吗?"这不仅仅是因为他们缺乏词汇来表达,更是因为孩子们活在当下,他们不会去想象未来的失败。他们学习站立、行走和说话等,并将每一次成功都看作下次进步的基石。就好像一个初学走路的孩子在摔跤时,他并不会质疑自己的能力。他迟早会站起来,重新试着迈开脚步。

孩子开始自我怀疑,一方面源于他对周围成人的信任——被那些负面的评论和悲观的预测所影响;另一方面源于当孩子能力不济受挫时,父母及他人对这些失败的诠释。

这里我分享一则流传于美洲印第安人中的小故事,来阐释信念的重要性。

一个年轻的印第安人独自漫步在森林中。他捡到一枚老鹰蛋,但他把它错认成一枚鸡蛋,于是他就把蛋放进了一个草场上的鸡舍里。小鹰出生时被鸡群围着,它学着像鸡一样走路,像鸡一样咯咯叫,像鸡一样啄食。在一个美丽的早晨,这只小鹰看见了壮观的一幕——一只巨大的鸟儿在空中振翅翱翔,姿态无比矫健。"这是什么鸟呀?"被草场上的鸡们养大的小鹰问道。大家告诉它:"这是一只鹰——所有鸟儿中最威猛的一种!"小鹰心想,若自己也能如此矫健地飞翔,该是何等荣幸。然而,小鹰很快忘却了这个梦想,因为它认为自己只是一只小鸡,永远不可能像鹰那样翱翔。此后,终其一生,这只小鹰都认为自己不过是草场上的一只鸡。

自信,取决于一个人接受以及采纳了的信念,这与他是否成功、拥有多少财富或身体是否健全并没有必然的关系。

因此我们可以说,每个人都带着自信来到这个世界。这份天然的自信在我们成长的过程中或被增强,或被削减。无论是儿童还是成人,每个人自信心的强弱都可以被改变。我们在任何一个年龄段都可以通过努力来提高自信。

自尊和自信两者之间有什么联系?

自尊和自信这两者不一定是齐头并进的,它们可以呈现任何的组合关系。

如果一个人自尊心的膨胀是基于对他人的贬低,那他的自信心也会受到负面的影响。若一个人把自尊建立在他人的评价上,哪怕那些评价是褒奖,他的自信心也会被削弱,因为我们把评价的权利交付他人之手。但如果自尊是建立在自信的基础上,那么两者的结合是稳固的。真正的自信必然引向良好的自尊,反之亦然,良好的自尊也有利于增强自信。

第二章

如何保持及
发展自尊与自信？

在孩子很小的时候，他不会提问、不会怀疑，而是积极行动、敢为人先。他带着一种天生的自信来到这个世界。父母需要做的就是帮助孩子保护它，尤其是不要破坏它。父母如果能抽出一定时间陪伴孩子，对孩子关怀备至，并为他提供可靠的支持，那么这对于他保持其良好的自尊，同时发展坚实的自信，是有利且必要的。

从孩子几岁开始,我应该关注他的自信心?

答案很简单:从出生开始!

积极心理学之父马丁·塞利格曼的一项实验表明,乐观是自信的一个基本要素,它是学习的产物。实验中,他将两组老鼠置于装有不透明液体的水族箱中。其中一个水族箱里有一处老鼠看不见的区域,在那里有个空间供它们休息;而另一个水族箱里则完全没有落脚歇息的地方。第二天,所有老鼠都被放置在一个没有休息区的水族箱中,实验者想看看它们能坚持游多久。结果,那些在前一天找到了休息区的老鼠游了是之前两倍长的时间。然而其他的老鼠,则没挣扎几下就任由自己沉没了,它们好像认定,无论做任何尝试都是徒劳的,所以直接放弃了挣扎。

尽管人类显然要比老鼠高级得多,但对我们来说,学习在生命的建构中同样也必不可少。婴儿甚至在出生前就具备了学习能力。例如,他一离开子宫就能辨认出母亲的声音;他甚至知道如何从其他表达中区分出他母亲所说的语言(在子宫内听到的);三周后,他弄清了父亲、母亲的行为方式,当父亲或者母亲靠近他时,他给出的行为反应是不同的。同样,他会知道自己可以相信自己、信赖父母。下面的比喻将阐释婴儿是如何做到这些的。

你可以想象自己正身处一个未知的星球，在探索了周围的环境后，你开始感到饥饿。首先，你试着小口吮吸一些东西，但这并不能缓解你的饥饿感，然后你开始呼救。你会看到身边有一些人经过，但他们并没有帮助你，或者迟迟不给你想要的食物。此时你会有什么感觉？你会怎么看待这个星球及其居民？你可能会有难以忍受的无力感，也会觉得他们一点儿都不好客。相反，如果你一表现出有需要，人们就来照顾你，给你带来食物和舒适，你又会对这个星球和它的居民有怎样的认知？肯定和前一次截然不同！

因此，一个因饥饿、孤独或不舒服而哭泣的婴儿，当他立刻得到了满足他需求的回应时，他会知道，他的哭声能让自己的需求得到满足，他所在的环境可以给予他滋养和保护。这是一个人学会信任自己和他人的基础。相反，如果成人任由婴儿徒劳地哭泣，那么这只会让婴儿感到无助，认为这个世界是冷漠的，甚至对周遭充满敌意。当婴儿感到自己的需求得到了迅速而充分的满足（包括给予他及时的关心和足够的关注）时，他会对自己和父母有足够的信心，并能逐渐学会忍受生活中固有的挫折。

这些是早期最基本的学习。如果孩子接下来的生活体验和他最初几个月的体验一致，那么这些最初的信念就会在他身上扎根，并且很难被质疑和动摇。

当年幼的孩子学会使用语言时，他的内心会随之产生这样的信念："我有某种力量，我并非手无寸铁（无能为力），我可以做得很好，生活对我微笑……"又或者与之相反："世界充满敌意，我所做的一切都无足轻重，这世上没有我的位置……"而正是在此信念的基础上，无论是积极的还是消极的，孩子将建立起一种自尊。因此，在婴儿出生的头几个月里，我们对他们的态度至关重要，但也并非是决定性的。人类的财富在于我们改变、进化和适应的能力。纠正错误永远不会太迟，因为孩子可以表现出应变能力。

勇敢基于乐观。

——阿尔伯特·爱因斯坦

孩子怕黑，我该如何做才不会伤害他的自信心？

孩子的有些恐惧很普遍，所以我们成人通常不将其放在心上。我们倾向于忽略甚至否定它们，同时习惯对孩子给出这样的答案:"你没有理由害怕,不要怕,这没什么可害怕的……"我想,当你难过的时候,你并不希望别人对你说:"这没有什么,你不要难过,你没有理由难过。"从情感上来说,所有人的感受是相同的。

父母的这种反应通常会带来与自己预期相反的效果。孩子接收到的信息否定了他的情绪,这对他来说意味着自己的感受是错误的,甚至觉得做真实的自己是一件错误的事情,这会让他陷入自我否定,认为不管怎样,他的为人或做事方法是不恰当的。

接纳孩子的情绪并不意味着让他独自面对恐惧,也不意味着告诉他,他的恐惧有道理,而只是表明他的声音被听到了。此时父母应该避免使用"我明白你害怕"(即"我听到了你对我说的,我知道你害怕")的表述,因为它太接近"我理解你的害怕"(这相当于说"你有理由害怕,所以确实有可怕的东西")。一个年幼的孩子很可能分不清这两者的区别。解决方法在于告诉他,我们听到并考虑了他所说的话——与他一起讨论这个话题就可以证明这一点。

我们可以和他一起探讨他害怕的原因:"你到底害怕什么?你觉得会发生什么?你认为这真的会发生吗?"有时,

当我们和孩子一起审视恐惧，恐惧就会消散。我们也可以问孩子，怎样能帮助他减少恐惧。最后，我们还可以提出一些解决方法，比如孩子怕黑，我们可以建议他拿一个小手电筒、开一盏小夜灯……

总之，我们要记得，尽管英雄给人的印象是从不害怕，但是真正的勇敢在于战胜恐惧，而不是没有恐惧。

孩子不停地提问，这与自信有关吗？

在某个年龄段，孩子对所有事情都很好奇，他们会提一大堆问题："为什么天空是蓝色的？这位女士为什么拄着拐杖走路？宝宝为什么哭？"这是孩子问"为什么"的年龄，通常出现在 2~4 岁，属于一个正常发展的阶段。父母花时间回答孩子的问题，是在向孩子表明你把他当作一个平等的对话者，这本身就能让他感到自己备受重视。同时也能向孩子表明，他的问题和思考是有意义的，因此他可以相信自己对周围世界感兴趣的方式。此外，孩子保持好奇心对于学业的促进也很重要。

通过回答孩子的问题，你也向他表明了你是他可以信赖的人。如果你不知道答案，可以和他一起在图书或互联网上查找，以此来强调学习以及不断探索的好处。或者你也可以承认自己并不是无所不知，不去贬低孩子的问题，而是向他表明，即使我们不是全知全能，我们也可以是一个很棒的人。

如果孩子提出一个让你措手不及或感到震惊的问题，你可以说自己还没有准备好回答这个问题，这样就可以给自己留一点思考的时间。当你准备好的时候，再回到这个问题上来，与孩子进行对话。你需要让他知道，没有什么问题是不能问的，这会为他提供一个与你交流的空间，并向他表明思考是宝贵的、可以分享的。让孩子感到被允许，甚至被鼓励去探索自己的内心世界，这也是他建立自信的一大支柱。相反地，如果当他用问题纠缠你，你粗暴地打发他，或者取笑他提出的问题时，这会阻碍他对知识的探索。他会认为自己不应当好奇，或者认为自己的问题不够恰当。无论是哪种情况，这都是贬低孩子自信的行为。"好奇害死猫"这种说法在思想和知识领域是应该被摒弃的。

在孩子成长的后期，孩子提出的某些问题可能是其内心不安的表象，特别是如果他们经常反复这么问，这就值得我们重视。有时，他们的问题很直接，主题显而易见："所有人都会死吗？""我们死后会变成什么？"……有时，他们的焦虑是潜在的，不太明显，比如一个总是问接下来会发生什么（放学后我们做什么？加餐之后呢？晚饭后呢？睡觉以后呢？……）的孩子，或许他觉得自己是任人摆布的，迷失了方向。因此，父母必须要与孩子讨论问题的原因所在。

最后，孩子的提问，也有可能只是一种他与你相处的方式，仅仅是他为了确保你会给予他重视和关心。如果他指责你不听他说（事实也如此），那么请诚实地承认这一点。通过这么做，可以让你确认他的感知，然后你可以随时放下手中的事，给他一些陪伴的时间，或者向他解释现在不是讨论问题的时候，但一旦完成了工作，你就会为他腾出时间。如果你不承认自己总是缺席孩子的成长，或者经常敷衍孩子的问题，就会让他怀疑你（撒谎）或怀疑自己（感知错误）。无论哪种怀疑，这对他来说都是不愉快的，并且会破坏他对自己或对你的信心。

家里有了二胎之后，老大就开始显得自闭，我该怎么做？

最大的孩子，在他是家中唯一一个孩子的时候，会得到他父母和周围人的所有关怀和关注。当第二个孩子到来时，他将不得不学习分享。他可能会推断"是我的错"或"因为我不够好"你才选择了生第二个孩子。为了让他安心,你可以告诉他,自己一直想要一个有多个孩子的家庭。换句话说,生二胎绝不意味着他是"不够好的",也绝不是因为他不能满足你的期待。你需要让孩子明白,你选择生第二个孩子并不取决于他的价值,这将保护他的自尊。

当然,一方面,我们可以告诉孩子,爱不像一块有限的、可以分享的蛋糕,爱是无限的,以此来向他保证我们对他的爱不会改变。另一方面,我们应该认识到自己的时间和精力是有限的,而且确实当我们照顾婴儿时,我们不能总是像我们所希望的那样给予老大那么多关注。在允许的情况下,可以让老大参与照顾婴儿(让他模仿爸爸或妈妈,而不是婴儿),或者给他提供他喜欢的活动。当二胎降临时,最重要的是不要排斥老大,不要让他觉得自己变得不受欢迎了。

我们也可以对孩子说,我们现在为小宝宝所做的一切,都曾经满怀愉悦地为他做过。我们还可以强调,我们很高兴他长大了,因为我们很喜欢和他一起做一些事情,但是这些事小宝宝还做不了,比如读故事、散步、探索大自然……

如何赞美孩子才能不让他对赞美产生依赖？

告诉孩子我们为他感到骄傲，这对孩子很有帮助。不过，如果他开始根据你的认可（赞美）来评估自己的行动，他的自主性就会受到阻碍。对于孩子的学习来说尤其如此。如果你在他取得好成绩时为他感到骄傲，却在成绩欠佳时表现不悦，那他可能会只为了被爱而学习。请记住，孩子需要你们的爱，他们会根据你的赞美来评估你对他的爱。赞美促使他学习，这本身没有问题，但风险在于，他可能会忘记学习的最终目标——获取知识，并为他未来的职业生涯做好准备，而不是受人欣赏和赞扬。所以，不要让他为了使你骄傲而学习，而要让他明白，他是为了自己才必须在学业上取得成绩。当他取得了好成绩，让他为自己骄傲："你可以为自己感到骄傲。如果你继续这样保持下去，你会顺利通过这个学年，升到更高的年级。"反之，如果孩子的成绩不理想，责骂和惩罚并不能帮助他提高成绩。在这种情况下，你可以与他讨论如何弥补自己的不足，并争取在下一次考试中获得更好的成绩，这才更具有建设性。

让孩子面对自己的责任，不拒绝给予他帮助和支持，能传达给他一个有益且非常重要的信息："你是自己生命的主宰者！"像每个人一样，孩子在自己的生活中扮演着主角，没有人可以取代他。

你肯定不希望你的孩子成年以后要靠别人的认可来评价自己,让自己的自尊依赖于别人的判断以至于放弃自己的愿望和梦想吧?提醒孩子,他是为自己而活,必要时,他得为自己而战。

为了避免伤害孩子的自信心,我要给孩子完全的自由吗?

放任孩子随便做什么或随便怎么做,这并不比一贯地责备他更有价值。所以当我们不赞成孩子的一些行为或看法时,必须把"定罪"和"问责"两种方式区分开。"定罪"会导致孩子对自己做出非常消极的评价,因为他感觉自己的行为带来了严重的后果,并且他感受到的内疚(负罪感)会伴随着低自尊。

孩子有悔过或希望纠正错误的意识就足够了,没有必要再对他进行道德谴责。为了保持孩子的自信和自尊,我们要避免使其内疚。这意味着我们只需要谴责我们认为的孩子不恰当的行为,而不要去评判孩子本人或让他感到羞耻。

为此，最重要的是，父母要区分孩子的行动和意图，举个例子：有两个孩子正在阳伞底下堆沙子。其中一个孩子有一枚硬币，他把硬币拿给另一个孩子看，对方接过硬币看了看，然后把它埋了起来。丢了硬币的孩子顿时哭得泪流满面。当孩子父母介入时，他们对哭泣的那个孩子说，那个藏硬币的孩子不是故意的，可哭泣的孩子抗议道："不，他就是故意的！"他说得没错，那个孩子是故意把硬币藏起来的，但父母想表达的是，那个孩子这样做并不是为了使他的同伴伤心。

让孩子们看到自己行为的后果，同时让他们认识到自己的意图并不坏，这一点非常重要。当一个年幼的孩子为了抢回他的玩具而打另一个孩子时，他的目的实际上并不是想伤害那个孩子，而是想取回自己的物件。这里你要强调的是，他的意图（拿回他的玩具）是合理的，但他所使用的手段（打对方）是不可接受的，这有助于让孩子在不产生负罪感的情况下承担责任。如果孩子因为他的不当行为而受到惩罚，他就会认为他收回自己物品的合理愿望也不对，这是相当不利的。如果这种合理的渴望也要受到谴责，那他还敢拥有渴望的权利吗？

孩子有"不良"或不当行为，有什么办法可以替代惩罚？

在许多情况下，你可以要求孩子弥补自己的过失。"你打翻了牛奶，你可以把桌子擦干净；你打碎了妈妈的花瓶，你要和爸爸一起去再买一个，或者给她画一幅漂亮的画来安慰她；你对你妹妹说了些不好听的话，等你心情好些了，要对她说些友善的话。"在最后这种情况下，如果你要求孩子立即向对方道歉，在我看来似乎不太恰当，因为他此时可能会言不由衷，鼓励孩子虚情假意是不恰当的。我们也可以要求孩子提出一个补救办法，比如建议他："如果换位思考，你站在你朋友的立场上，你希望对方做什么？"如果孩子的行为涉及不熟悉的人，这时候让他感觉到你的支持很重要。如果让他一个人去向被他用球打破窗户的邻居道歉，这可能是一种羞辱，但如果你陪着他，一起去道歉，并提出赔偿方案，你就为他树立了一个很好的榜样，这会让他在不久或更远的将来学会效仿。请记住，你是你孩子的榜样，因为他们认同你并且爱你！

责任感并不涉及内疚（负罪感）。"责任"一词包含"应对"的意思。让孩子思考如何应对自己的行为，即为自己的行为负责，这是有建设性的、有积极意义的，也有助于引导孩子投身于未来（弥补过失或避免重蹈覆辙），而内疚则着眼于过去并会破坏孩子的自尊。

昨天你做错了，想一想今天该做些什么。停留在过去，你什么都无法改变。

——弗拉维亚·马泽林·萨尔维

如果我经常称赞孩子，他会不会变得自负？

我们给予孩子真诚的和有针对性的赞美（特殊的品质、值得赞赏的举动，例如"真棒，谢谢你马上照做了"），可以帮助孩子建立自信，同时也能增进我们的亲子关系，而不会让他们变得自负。所以，这样做很重要。

祝贺孩子取得的成功并表达我们的自豪，这会鼓励他为自己感到骄傲。这甚至是我们可以表达赞美的最好方式："我希望你为自己感到骄傲，为你自己的成功感到喜悦。"

当我们觉得孩子开始变得自负时，可以指出，他生得如此英俊或聪明是多么幸运！让他对如此厚待他的生活学会感恩，可能会消除他的自负感。我们也可以提醒他，他的外貌、力量或聪明才智并不能定义他。自命不凡有时是一个人在企图掩盖某一个方面的低自尊。因此，我们有责任帮助孩子填补这个缺失。

我不习惯赞美孩子，有其他方式可以让我来帮他提升自尊和自信吗？

如果我们仅仅因为孩子的优点或成就而表扬孩子，这会让他相信，他必须永远是最好的才能被爱。因此，从根本上来说，重要的是我们要让孩子不仅感受到被爱，还要感受到自己值得被爱，因为他是他自己，他的优点和缺点构成了完整的他，我们爱的是完整的他。

一个人的强大的自尊，能与真正的自信相联系，是基于这样一种信念：我是独一无二的，我的存在对我和他人而言已是一份馈赠！例如，你可以在母亲节或父亲节告诉你的孩子，你很高兴成为他们的父母，你为有他们做你的孩子感到很幸运！这是我们送给孩子的一份美丽的礼物，也是送给我们自己的礼物！这难道不是我们自己想听到的吗？如果有幸你的父母这样对你说，你就会知道这些积极的话是多么甜蜜了。

在我看来，我们能给别人的最好赞美，就是："感谢你成为现在的样子！"

我有时很难理解我的孩子，该怎么办？

保护或培养孩子自信的一个基本要素就是尊重孩子。可能我们比自己的孩子更高大、更年长、更有教养、更聪明，但这并不意味着我们比他们更有价值。虽然我们确实有不同的义务（保护、照顾孩子等），但这些并不影响这样的事实，即儿童和成人有相同的权利：自由思考、学习、被倾听和被尊重……

即使在我们看来，孩子的外表、言行、思维方式与我们有很大的差异，但从根本上说，只要他是人，他就和我们一样有价值。这些差异中，有的与年龄有关，有的可能与个性有关。但不管怎样，我们的孩子都值得我们尊重。这意味着我们要尊重他的身体、他的思想、他的感受、他的渴望……

我们粗暴地对待一个孩子，或者对孩子有更糟糕的行为，如辱骂、取笑，无论孩子多大，这都是对他的不尊重，是一种严重的伤害。让我补充一点，我们不尊重他，就是在教他不尊重他人。

成年人有时会认为孩子的某些言论是无礼的，因此认定孩子缺乏对他人的尊重。但是，在孩子眼里，这通常只是他在表达自己的一种感觉或质疑。现在当我回忆起我小时候被父母说无礼时，我认为我只是在为自己的观点辩护，或者我只是在试图理解他们的观点，所以我就不再相信孩子们是真的"无礼"。在我看来，这只是成年人缺乏信心，害怕自己的权威受到挑战而已。

我们成人应禁止对儿童进行讽刺和展现不合时宜的幽默，特别是对年幼的孩子。事实上，孩子的智力还没发展到能理解这些语言和态度的程度，因为这些相当于向他们发送了双重信息：语言信息和伴随语言的情感表达。然而对于孩子来说，讽刺和幽默当中，这两个信息是相互矛盾的，因此孩子会感到困惑。

尊重孩子的渴望或意愿，并不意味着我们就必须满足或全然接受它们，而是至少我们要关注到它们。如果我们出于个人的原因而反对孩子的某个愿望，我们可以告诉他我们已经听到他的要求，但是我们不同意，然后要解释我们为什么拒绝，这将有助于孩子去理解和接受他人的不同看法。

此外，如果有时我们不认同孩子的反应（尖叫、赌气、哭喊），我们可以表示自己不赞成这样的行为，但不要谴责导致这种行为产生的情绪。谴责孩子的情绪，在某种程度上，是在和他说他本身有不足。这可能会损害他的自信心，也很可能会伤害他的自尊。我们可以告诉他，我们理解他的失望，但他表达失望的方式（如孩子因为弟弟弄坏了沙子城堡而去打弟弟）不是最好的，或许另一种方式（如边跺脚边大声说出自己的感受和看法，并寻求父母的帮助）会更好。

父母一定比孩子更清楚什么对孩子是有好处的吗？

即使在某些方面，你比孩子知道得更多，但强迫他接受这一点并没有什么用。作为成年人，我们虽然对孩子的安全负有责任，但在许多领域，我们可以给孩子自由发挥的空间，让他们能够进行尝试并从中学习，从而增强他们的自信心。当涉及他的身体时，情况尤其如此。

首先，让孩子自由地探索自己的身体和天赋，是自信的重要元素。让他爬树、在草地上打滚、在水坑里跳……只要是在适当和安全的范围内活动，这都有助于他建立对自己身体的信心。如果我们重视孩子的运动能力和手工技能，我们也会促进这个过程。其次，鼓励孩子喜爱、照顾自己的身体，也有利于培养其自信。所以，让我们从尊重孩子的身体开始。具体地说，如果孩子说他不饿了，我们就不要强迫他吃完盘子里的食物；如果他说自己能抹肥皂，那就让他自己来；如果他说他太热了，即使我们感到冷，也要接受他脱掉自己的毛衣（通常孩子比我们的活动量大很多）；如果他说他很难过，我们不要否认他的难过，要接纳他的真实感受。我们虽然不可能感同身受，但质疑他的体验就是一种不尊重。不要让孩子与自己的感觉割裂开，这一点很重要，如果我们总是声称自己比他更了解他的感受，他可能会信以为真，从而忽视自己真实的感受，或者为了迎合我们而做出勉强的行为，以此来避免与我们发生冲突。

孩子的问题 ——

"我真希望能像爸爸或者艾蒂安叔叔一样!"

如果你真诚地赞同他的愿望,请告诉他:"你的爸爸确实很厉害!我也和你一样,觉得艾蒂安叔叔很棒!我很高兴你想像他们一样。"你还可以补充说,他的方向是正确的,并指出他已经具备的品质。相反,如果你不喜欢孩子选择的榜样,你可以先问他原因,并问问孩子在什么层面上想和他们一样。然后,你一定能发现这个被孩子选择的榜样身上,有你想要鼓励孩子的某些品质或个性特质。

你也可以引导孩子扮演自己所钦佩的人,问他:"如果他是你,他会怎么做?"心中有一个榜样还可以帮助孩子克服某些恐惧。在这种情况下,你可以对他说:"想象你是他,你认为他会怎样行动?"练习一个角色,即使只是在扮演,也有助于孩子获得新的态度和行为。

如何让孩子更加自信？

"妈妈，我想成为超人！"

如果你的孩子表达了想成为别人的愿望，首先你要做的就是问他们为什么这么想，即使你知道原因，这样做可以避免误解的产生。其次，哪怕你是对的，让他陈述自己的观点，也会让他更清楚地明白自己为什么要追求这个梦想。

如果孩子想要成为超人是因为超人拥有令人惊奇的超凡力量，你可以和他聊聊我们对全能的渴望，问问他想如何使用自己的超凡力量，说说我们的想象力所能带来的快乐。如果他梦想拥有这些力量来实现特定的目标，那么你可以与他一起想想，如何在没有超能力的情况下，也能通过自己的方法来实现这个目标，即使只是部分实现。

第三章

如何确定孩子是否缺乏自尊与自信?

害羞、自闭、气馁、自我评价低、高度依赖他人的评价等，这些都是缺乏自尊与自信的不同表现。这种"缺乏"可能是在遇到了困难之后暂时出现的，也可能是根深蒂固的。我们以开放和理解的态度与孩子对话，或许可以让孩子明确自尊缺失这个问题的重要性，以便制定方案来弥补这一不足。

我儿子很害羞，这是缺乏自信的表现吗？

提到"害羞"一词，人们会立刻联想到这样一个孩子的形象：当母亲让他和别人打招呼时，他躲在母亲背后；当轮到他说话时，他涨红了脸，目光低垂。法语中"害羞"这个词来自拉丁语，意思是"害怕"。害羞的人在与他人交往时，一般都缺乏自信与从容。这确实表明害羞的人自信心相对较弱，但必须指出，这还涉及一个特定的领域，即社会关系领域。因此，一方面，我们要避免给孩子贴上害羞的标签，以免让孩子认为自己确实如此，并停留在这种形象中。另一方面，我们应避免把孩子这个特点放大或者泛化到其他方面，认为害羞的孩子就是胆小的。

在我看来，当一个孩子在与不熟悉的人打交道，表现出害羞时，父母最好什么也不做，并尽可能显得自然些。如果我们把注意力都集中在孩子身上，例如强调他的害羞，这只会让他更不自在，更害怕下一次见面。因此，强迫孩子向陌生人打招呼，在我看来是不合适的。然而，单独向孩子解释一下"你好""谢谢""不客气"等礼貌用语在社会生活中的重要性，是有必要也是有益的。如果孩子的害羞持续存在，此时重要的是我们要主动与孩子讨论它，以发掘孩子内心隐藏的恐惧。

我们一起来看看"害羞"的利弊。有利的一面在于：孩子看到父母代替他做事，他可以待在自己的角落里，安心地做"小孩子"；弊端在于：孩子缺乏行动自由——不敢拿回掉在一群人中间的球，也不敢自己去买冰激凌。值得注意的是，一个孩子认为的好处可能会被其他孩子视为弊端，因此询问他自己的想法很重要。当孩子被说服或试图摆脱他的害羞时，你可以和他讨论策略。比如，如果你想帮助他实现能够独自去买冰激凌，可以考虑以下步骤：一开始，你们一起去，你示范给他看；下一次，你们一起去，但是由他来开口；再下次，你跟着他，但保持一米的距离；如此循序渐进，直到他能够真正地独自去买冰激凌。

同理，想一些小窍门，慢慢地引导孩子跟人打招呼，并开始交谈：最开始，你在他身边，把你的手放在他的肩膀上，主动带着他和别人打招呼或者交谈，即使他什么也没说也没关系；下一次，你仍然把手放在他身上，鼓励他和别人打招呼，然后由你简要地回答对方可能会问他的问题；最后，相信他能成功地做到这一点，也无须你搭着他的肩膀了。通过与孩子交谈，我们可以找到孩子害羞的内因，并制定适合孩子的方法和策略，这不仅可以改进孩子不足的一面，也可以提高家庭关系的质量！

我女儿总是问我她做得对还是不对，我该怎么回应？

如果孩子有这样的疑问，表明他正在怀疑自己的某些能力不足。第一步，你可以先请他发表自己的观点，并且向他表明，你对他评估自己做事情的能力有信心。这是在请他相信自己，可以增强他的自尊。第二步，在向孩子强调什么是正确的同时，你可以向他展示需要改进的地方。

在某些情况下，你还可以向他表明：完成一件事可以有很多方法，即使我们的方法和他的不同，但他的方法同样有效。例如，如果你的孩子想画一个穿着蓝色衣服的圣诞老人，你可以告诉他，传统意义上的圣诞老人是穿红色外套的，还可以简单地提醒他，他这样画可能会招来一些争议，但没关系，他仍然可以按照自己的想象来画圣诞老人。

孩子总是一遇到困难就向我求助，我该怎么做？

有些孩子经常说："太难了！你来做吧！"这种表达可以被解读为他缺乏自信，好像是要把自己的重担推卸给你。知道孩子内心真正的想法并不总是那么容易，你可以问他，具体是什么让他觉得太难了，看看你能如何帮助他。如果你一开始就按照他的要求去帮助他，他可能会觉得，你认为他没有能力做到——这不利于提升他的自信，而且你也没有给他锻炼和进步的机会。

当孩子要求你为他做某事时，他也可能是在考验你是否愿意帮他，想以此获得被爱的感觉。在这种情况下，你可以强调你知道他有能力自己去做，但如果他喜欢有父母的协助，你愿意帮助他。一个正在成长并已经获得新技能的孩子，有时会希望保持"小孩子"的身份，比如他已经会自理了，但仍然要求你帮他穿衣服或穿鞋。同样地，你可以对他说："我知道你可以自己穿衣服，但我愿意帮你，因为我喜欢和你在一起的时刻。"这样，你同时向他传达了两个有价值的信息：一个是关于他的能力，另一个是关于你对他的爱。还有一种情况，孩子寻求你的帮助，也许仅仅是为了让你陪在他身边。

孩子有自闭的倾向，我该担心吗？

首先，观察一下孩子这种自我封闭的情况是仅针对某个特定的人，比如你或某个同龄人，还是对每个人？如果孩子的这种倾向只针对你，那么你要扪心自问，你的态度中是否有什么因素导致他退缩。这是长期积累的、缓慢形成的结果，还是突然发生的？你是否太干涉他自己的事情了？你是否辜负了他的信任？他是否遇到了什么困难（被人霸凌、敲诈勒索，或学业失败）不敢告诉你？他是否觉得你太操心，不想自己成为你额外的负担？这是否与他的年龄有关，是他在青春期时渴望独立的表现？你需要找出孩子退缩的潜在原因，然后和他一起谈论你的感受，以及你们之间的隔阂，但注意不要追究他的责任，也不要指责他，当然也不要让他感到内疚。你也可以问他是否有同样的感觉，以及他是否能找到这种隔阂的源头。重新开始对话能让你和孩子互相倾诉，拉近距离。如果你觉得他现在不想谈这件事，也不必强求。你只需要告诉他，你希望得到他的反馈，这对你非常重要，而且你是来帮助和支持他的。然后可以试着过几天再来谈这件事。

如果他的退缩表现在与他人的关系上，这表明他可能对自己被他人接受的能力缺乏信心，这也许与他曾经被他人拒绝的经历有关。因此，此时最重要的是我们要学会耐心地倾听孩子，让他尽情地表达自己，讲述自己的经历，听听他想从中学到什么，他打算做什么，并且不要急于给他任何解决方案，因为那些都只是你的想法，不是他的！请记住，他的生活取决于他自己。你最重要的角色是帮助他看清他自己，并找到自己的解决办法。当你给出意见时，要清楚地表明这是你的意见，他可以不认同。这样的沟通，也是你分享你自己经历的一个好机会，你可以向他表明，他并不是唯一一个面临某些困难的人。

花时间倾听他的话，这样他就能听见自己的声音。

——科琳娜·莫里格

孩子虚构故事，捏造事实，这种情况严重吗？

如果你的孩子在讲述一件琐事时，编造了一些"壮举"，让自己充当了一个美好的角色，这很可能是因为他想要改善他的自我形象，而这种情况多半暴露了他的低自尊。他是怀疑自己的重要性、自己的价值吗？是在谁的眼里呢？是你还是他的朋友们？这是他引起你注意的一种方式吗？

每个孩子都需要得到一定的关注。如果他的胡言乱语让他成为众人关注的中心，那么即使他得到的是负面的回应（贬义的评论、对抗等），对他来说都可能比被忽视的感觉要好。如果他觉得别人比自己更重要，如我们总是偏向于弟弟妹妹，他也会通过编故事之类的举动来引起我们的注意。

所以，即使孩子是胡编乱造，我们也要给予他充分的关注。这并不意味着我们要参与他的游戏——这会让孩子误以为我们鼓励他继续这种行为,并可能会导致他相信自己编造的故事。还有一个方法是,我们不直接反驳他,而是暗示他,我们认为他正在添油加醋。例如,我们可以这样评论他的故事:"真是个奇遇!都可以写成小说了!我喜欢你讲这个故事的方式,你在其中扮演了一个很好的角色……"如果他坚持说这是事实,你可以这样回答他:"就个人而言,我怀疑事情是否真是这样发生的,但是我注意到了你知道如何讲述引人入胜的故事!"

无论是儿童还是成人,许多人都倾向于把被爱的需要和被崇拜的需要混为一谈。通过重视孩子日常生活中真实发生的事,即使是"不光彩"的事件,你也可以向他表明,他不一定要非同寻常才能得到你的关注和爱。如向你的伴侣强调孩子画了一幅漂亮的画,或者他帮忙摆了桌子;强调他做这件事的方式和所需的品质(注意力、细心、毅力等),而不是行动本身。这种日常中小的评论或关注会让孩子知道,他是谁远比他做了什么,更值得你的关注和爱。此外,这将帮助他把自尊建立在他是谁,而不是他所做的事情上。

我儿子觉得自己太瘦、太高了，他为此感到自卑，我该怎么帮他？

原则上，一个年幼的孩子只要感到被亲近的人所爱，没有收到诋毁他外表的评论，一般不会质疑自己的外貌。但随着他逐渐长大，他可能会将自己与他人或社会所宣扬的美的标准进行比较。在这种情况下，他不需要别人告诉他任何事，他自己就会塑造一个平庸的自我形象（在青春期经常会这样）。所以，如果你的孩子突然对自己做出了贬低性的评价，你需要先问他为什么会这么认为，看看这个评价是来自他自己还是来自外部，弄清楚他不喜欢自己身体或面部的哪一部分。接下来，我们可以试着告诉他我们的观点，以让他对自己的外貌放心。我之所以说"试着"，是因为从一定的年龄开始，孩子就知道爱会使人盲目，尤其是父母。因此，我们必须和孩子一起发掘他的潜在恐惧，比如害怕自己没有吸引力，或者无法受到某个特定的人的喜欢，被同龄人拒绝……

你也可以建议他想象一下，如果他最好的朋友自认为很丑，那他会对他的朋友说些什么。另一个方法就是问问孩子，别人身上什么特质吸引他，以及外貌在友谊和情感中的作用是什么，这可能比与其大谈内在美的重要性更加可取。如果他自己意识到其他品质可能比外貌更重要，那么这比起你试图说服他，更加让他安心。让我们记住，美和丑都是人的主观判断，因此也是信念的问题。它既不是真理，也不是事实，尽管有时会被人们误认为是事实。

你也可以引导孩子观察自己身体的其他部位，从而把他认为丑的地方弱化。告诉孩子如果他只关注自己的鼻子太长，他就看不见自己好看的唇形和漂亮的眼睛了。倘若你发现你青春期的女儿开始对化妆感兴趣，你可以告诉她化妆不是为了掩盖瑕疵，而是为了突出美的地方，她的笑容无疑是她在这方面的最大优势。引导孩子为自己喜欢的部分（他的头发、身高、眼睛的颜色……）感到高兴，以"补偿"他所不喜欢的；让他面带笑容，这能使他的朋友们从他身上发现快乐，也能让孩子明白——我对自己是谁、对我所做的一切都能感到高兴，即使我并不满足于此！

如果你发现你的孩子似乎正下定决心要改变一下他的外表，以此来向外界呈现出他更喜欢的形象，也请不要担心。无论是健身或者健美、化妆、换发型、注重穿衣打扮，这些都反映了他希望让自己感觉更好、更积极，而并非是一种苦恼。

重要的是，注意你对美丽和优雅的态度。如果你经常要求孩子衣着得体，或者鼓励女儿打扮，比如允许她在很小的时候就化妆，这难道不是在培养一种基于外表而不是内在价值的自尊吗？

孩子过分自信好吗？

就"感觉到的"自信而言，人不能太过自信。有时候，即使经验曾告诉我们，某件事情并不像我们所想的那样尽在掌握之中，但我们还是会出于对自己的信任，一定要坚持或改变自己的策略。

然而，经常或过分显露自信，可能是孩子掩饰自己缺乏自信和低自尊的一种假象。如果你的孩子深受自卑之苦，也许他会表现出自夸或自鸣得意的特质来弥补他内心的这种缺陷。这种情况下你拆穿或忽略他是无济于事的，因为这只是针对表象而已。最好的方法是我们从根本上去帮助孩子解决，并尽力帮助他改善自己的形象，找回自尊和自信（具体方法见第五章）。

孩子的问题

"爸爸,我永远做不到!"

你可以通过与孩子交谈,问他一些善意的问题,或者与他一起分析他认为自己不可能实现目标的原因。有一些原因,当它们被说出来时已经是过去式了,但还有其他一些原因仍然存在。后者正是需要我们与孩子详细讨论的。

当一个目标看上去似乎不可能被实现时,我们可以把它分解成一个个小目标,这样小目标看上去就没有那么不可逾越。比如你的儿子觉得自己不能参加学校的越野长跑比赛,你可以鼓励他先跑 200 米,然后是 500 米,接着跑 1000 米。渐渐地,他的耐力会增强,再过一段时间后,他就能成功地应对这一挑战了。

除此之外,我们也可以和孩子一起重新调整目标。在前面的例子中,如果孩子确实不能跑完全程,那么我们可以提醒他，他的进步是真实的，是值得称赞的，他可以为自己的努力感到自豪。最后，你可以劝导他不要总是拿自己与他人做比较，而是要正确地评估自己的努力和进步，这样建立起来的自尊比依靠与他人比较所获得的自尊，更加稳固牢靠。

孩子表现出来的无力感可能会掩盖他对无法实现目标的恐惧，因为他可能还存在着其他的可以意识到的目标。让我们继续以越野长跑比赛为例：也许你的孩子非要跑完全程或者想赢得比赛，因为他觉得这样他就可以在某个人的眼中光彩出众。你可以与他谈论他想达到目标的隐藏动机，这将有助于他正确地看待目标。如果他的目的仅仅是想让你为他感到骄傲，那么你要强调他的其他优秀品质，你一样为此感到自豪，这样他就不会为越野长跑感到如此苦恼了。

最后，教孩子意识到生活和幸福都不单单取决于一个目标的实现，这可以让孩子在不放弃目标的同时，减轻自我施加的压力。

大多数阻碍成功的因素都是人为的。很多时候，你是创造障碍的人。

——弗兰克·泰格

第四章

什么会有损孩子的
自尊与自信?

具有侮辱性的和贬损的话都会削弱孩子对自己形象的认可，使他对自己做出负面评价，从而伤害到自己的自尊。此外，即使不使用这些负面语言，父母对孩子不尊重的态度，对孩子的所作所为及所想缺乏兴趣，养育中有过多的控制或太过松懈，都会损害孩子的自尊与自信。最后，父母对自己缺乏信心、角色颠倒、让孩子充当"小大人"，同样也会影响到孩子的自尊与自信。

孩子总是闯祸，我忍不住去惩罚他，惩罚会损害他的自信心吗？

如果你去惩罚一个在你眼里犯了错的孩子，但孩子本人并不觉得自己犯错时，这种惩罚实际上是没什么建设性的。在这种情况下，孩子在一定程度上会觉得是他身上有什么东西导致了他做"恶"，甚至认为他自己就是恶。相反，冷静地告诉孩子，我们不同意他这么做，或者如果可能的话，请他弥补过失，这样就不会损害他的自信心。因为我们这么做，不会让孩子感到不再被爱，而是让他觉得自己是被关注的。这与因父母的惩罚或愤怒所产生的感觉截然相反。

我们也可以鼓励孩子思考自己行为的后果。这个方法可以向孩子表明，他的行为关乎自己，也关乎他人。这样他会感到自己不仅是个人生活的参与者，也是他人生活中的角色。

有关惩罚的威胁和惩罚本身，通常能让成年人从孩子身上快速获得他们想要的东西。但是这种做法，助长的是孩子对于失去你的爱的恐惧。我们的孩子因为害怕我们而行为"端正"，将来他们也会害怕上级，在所有权威面前都毫无自信。这真的是我们想要的吗？还是我们想要教导他们保持独立，让他们学会一生适用的生活准则？

虽然我这么说会让不少人震惊，但我依然要坦率地表明，我完全反对奖惩制度。我坚信这种教育制度培养出来的是胆小鬼，而不是有责任感的人，就像那些开车超速的司机，只会在警察或测速摄像头前减速。孩子害怕受罚并不是一个令人满意的动机。我们要帮助孩子内化和理解一条规则的价值与合理性，以便他能独自地运用它，这才是最重要的。同时，这也是向他展示你相信他有能力的一种方式。

应该完全禁止惩罚吗？

在我看来，孩子们最好是能依据他们的目标和场合来行事，而不是因为害怕被责骂、惩罚或为了得到奖励才去行动。例如，许多父母希望孩子的房间整洁，于是就会威胁孩子，有时还会通过惩罚让孩子去完成命令。这种方法真的有用吗？值得借鉴吗？事实上，我们可以扪心自问，孩子的房间是否有必要收拾得那么整齐。如果我们不住在同一个房间，我们能接受他的房间很乱吗？如果我们坚持这么要求他，并最终因此惩罚了他，那么他是真的学会了秩序，还是只是屈服于我们的权威？如果孩子只是为了逃避惩罚而打扫房间，那试想一下他长大后会怎么做？他是会害怕杂乱无序，并会将其等同于应该受惩的不良行为，还是会趁机享受生活在杂乱中的权利？他是会热爱秩序，并能从中获得舒适和快乐，还是会以反抗秩序来表明自己不再是一个因为害怕受罚而被迫去打扫卫生的小孩子？

惩罚是一种以爱为名的勒索。当我们被惩罚时，如何能感受到被爱呢？让我们再来看看这个制度的矛盾之处。例如，一个孩子因为打了他的弟弟而被父母打了屁股，他是否会推断出，只要他长大当了父母就也有权利打人？

孩子没有恶意。我们可以说，他只是尽自己的努力来让自己的利益最大化，就和我们成人一样。当他没有按照我们的意愿去做时，我们在指责他之前，应该先问问他这么做的原因。然后，我们再向他解释为什么他的行为在我们看来不恰当，并教给他在社会生活中必须遵守的规则。为了保持孩子的自信，积极的对话会让我们在年幼的孩子面前，既不影响自己的威严，也无须动手阻碍，这比惩罚要好得多。

一个充满接纳和爱的环境会让联结、交流和理解成为可能，甚至创造出一些小奇迹。当面对一堵反对和敌意的城墙时，这是不可能发生的。

——巴里·尼尔·考夫曼

孩子做事笨手笨脚，我怎样在不伤害他自尊心的情况下帮助他获得信心？

首先，直接指出孩子的笨拙并不能帮助他变得更好。这要么会让他因为担心而紧张，结果导致更多的失误；要么会使他确信自己真的笨拙，并给自己贴上这样的标签。效果更好的办法是，引导他更专注于当下所做的事："用两只手拿杯子，把它端平，专心于你正在做的事！"也就是说，请告诉他该做什么，而不是不能做什么。就好比如果有人让你不要去想一头粉色的大象，你很可能会忍不住地去想，因为这种描述唤起了我们对粉色大象的想象。

其次，不要忘记，我们对孩子说话的语气本身就带着信息。相比平静地去表述，带着怒气或倦意去说同样的话，效果肯定不同。我们成年人有责任冷静下来，比如，我们可以做深呼吸来调整我们的情绪。

最后，我们要帮助孩子依靠自己的能力去克服困难。观察孩子在玩某些游戏时专注的样子，和孩子强调这一点，并引导他在容易粗心大意的事情上也能同样专注地去对待。这种态度可以增强孩子的自尊和自信，而且孩子也会明白他拥有可以依赖的技能（比如他的专注力）。

孩子的成绩单上总是有"可以做得更好"的评语，这真的是在鼓励他吗？

这句话常见于孩子的成绩手册中，它有利也有弊。在那些留下评语的老师心中，这一般是正面的评价，因为它强调了这个孩子的潜力：他有能力更进一步。但孩子更能看到的是自己实际上完成的事，而不是去欣赏自己的潜能。他从这样的评语中接收到的信息是"你做得还不够"，他甚至会将其理解为"你不够好"，这显然是一种贬低、令他泄气的评语。没有一个孩子会把成绩差或做错事作为目标。如果他有时没有倾尽全力去达成目标，那通常是因为他有其他优先想做的事。很多时候，他为了早点脱身，就会仓促地完成自己必须做的事，于是他并没有专注于此，而是挂心于外部烦恼。作为父母，我们有责任引导孩子明确自己的目标和优先事项，并帮助他获得更好的成绩。

当孩子做错事时，大人经常会说："你该感到羞耻。"到底能不能这样说？

羞耻是自信的对立面。当一个人感到羞耻时，这意味着他的自尊心跌入了谷底。让孩子感到羞耻、被嘲笑，尤其是在公共场合，这会对他的自信心造成毁灭性的打击。对于我们不赞成的行为或态度，最好是在私下表明我们的反对意见，而不是当众对孩子进行谴责。

同样，在你的伴侣回家后，你向他报告孩子在他不在场时所做的错事，这也可能会被孩子视为羞辱。如果你已经明确地对孩子表达自己的反对意见，就没有必要当着你伴侣的面再说一次——这种态度反而会显得你对自己的权威缺乏信心，你完全可以事后私下和对方谈论。如果事态严重，你应当平静地告诉孩子，你认为有必要三个人一起谈论此事。

为了保护孩子的自尊，哪些言行应被绝对禁止？

你肯定听到过一些讽刺的、非常贬低人的，而且特别容易在愤怒时脱口而出的伤人自尊的评语：

- 你这样永远不会成功！
- 长大后你就会明白！（言外之意："你现在太小，不值得我给你解释！"）
- 我早就告诉过你了！（言外之意："我就知道你会失败！"）

- 你真没用！
- 你是个坏孩子！
- 你应该为此感到羞耻！
- 我不喜欢你那么刻薄！
- 我受够你了！

有时孩子的某些行为确实会令人难以忍受，这让我们的耐心备受考验。但当愤怒的情绪占据我们的内心时，我们必须要在被愤怒压倒之前，尝试先恢复平静，或至少尽力地不要让自己不经过思考，就脱口而出一些不恰当的话语。我们也可以和孩子谈论我们当下的愤怒，比如："我真的很生气，我想你最好让我一个人待一会儿，这样我才能冷静下来。"用语言表达感受有助于我们管理情绪，向孩子说出我们的感受也有助于避免指责，因为当你说"我很生气"时，谈论的对象是自己而不是对方。

如果你真的情绪失控了，对孩子说了伤自尊的话，请不要犹豫，可以等你恢复冷静后再回来谈论此事。我们完全可以为自己不恰当的言行而道歉，同时可以继续向孩子表明，你反对那些点燃我们怒火的行为。如，可以对孩子说："我很抱歉对你说了这些。"或者说："我很抱歉打了你一巴掌，我不应该失控的，不过，我坚持认为你不应该这样行事。"

此外，通过这种自我表达，我们也是以身作则地向孩子表明，承认错误很重要。

对孩子展现自己的不良状态，是否会削弱孩子对我的信心，加重他内心的不安全感？

如果此时你状态不好，你可以把烦恼先放在一边；如果你还能精神良好地陪你的孩子，那就没有必要告诉他你现在的情况。反之，如果他认为你状态欠佳，而你却否认这一点，这实际上会破坏他对自己和对你的信心。事实上，孩子会产生不安的根本原因在于，他所感知到的和你所说的存在差异，这会让孩子不知道该确信自己的感受（你感觉不好，你悲伤或者担心），还是该相信你告诉他的（你很好，你没事）。

如果孩子选择相信你，他就会闭口不谈自己的感知。但他也会因此不能去相信自己的感受，并可能在这方面失去自信。如果他选择相信他所感知的，那么他就不再相信你以及你说的话，这同样令人担忧。

这一原则适用于一般的谎言，也适用于家庭秘密。也就是说，某些与家庭秘密有关的情绪是可以被孩子察觉到的。

例如，如果我们试图对孩子隐瞒孩子祖父自杀的事实，但当我们说到他或与自杀有关的话题时，多半会流露出些尴尬的神情。孩子很可能会感知到这种尴尬，却不知道该将其与什么事情联系起来，因为他对这个秘密一无所知。然后他会开始否认他的感知，但这样做会切断他自己的感觉，或者他会怀疑自己的感知能力出错了。这两种情况，无论是哪一种都会加重孩子内心的不安全感，使他的自信心大打折扣。虽然我们保守家庭秘密本来是为了保护孩子，却往往带来更大破坏性。所以，当孩子感知到什么，你最好不要回避和否认，而是用他能理解的简单语言，给他一个简明扼要的解释。例如，如果你的孩子察觉到你和你伴侣之间的紧张关系，你最好承认这些，同时向他解释，这不是他的原因，你和你的另一半仍旧全心全意地爱着他。但要注意，开诚布公并不意味着你必须对孩子毫无保留地说出一切。要记得你的孩子不是你的知己，也不是你的情绪垃圾桶。

我和伴侣的关系出了问题，如何做才能减少对孩子的负面影响？

一般来说，父母之间的关系质量会影响后代。如果父母能够以相互尊重和建设性的方式讨论他们的分歧，这对孩子的影响是积极的，因为孩子可以通过模仿而获取宝贵的社会生活技巧。相反，如果父母之间发生冲突、竞争、诋毁，或者破坏另一方父母的权威，甚至破坏对方与孩子的关系，尤其是发生了暴力的行为（无论心理上还是身体上的），这将对孩子产生长远的负面影响（焦虑、攻击性、情感上的不安、学业困难等）。

所以，我们首先要注重夫妻之间的关系。我们应当区分什么事情属于配偶负责的，什么事情关系到孩子，属于共同抚养范畴。在孩子面前发生的或与他们有关的一切，这都属于夫妻双方共同抚养的范畴，包括如何在他们面前谈论另一位父母。

一般来说，如果夫妻双方的目标相同，即为了孩子，那么两个人的分歧可能在于达到这一目标的方式上。所以，如果从这个共同目标出发，夫妻作为一个团队一起合作，就能更快地找到对双方都适宜的解决方案。

我认为你们有必要安排时间来评估你们现在的处境，即评估夫妻各自的需求和对彼此的期望，以及夫妻一起讨论分歧，并制定教育策略。你们也可以借此机会自我表扬，并庆祝你们所取得的成果。为了孩子的利益，为了降低对孩子的伤害，夫妻双方应在关系恶化初期就积极地寻求帮助，以免为时已晚。

夫妻双方发生婚姻危机、离婚或分居的情况时，重要的是不要让孩子卷入冲突，不要寻求孩子的支持以及在孩子面前批评另一半或试图排挤对方……因为孩子们会马上想为此负责，会认为是自己的原因导致父母的关系紧张，所以没有必要给他们的肩上增加重荷。如果你需要支持，请向朋友或专业人士求助，但一定要让孩子置身事外，并让他们感到放心！

没错，即使夫妻的婚姻关系破裂，但共同抚养关系仍然存在。因此，即使我们对前任感到愤怒，也必须作为共同父母与其合作，为孩子的利益做出妥协。

我想让女儿以她哥哥为榜样，以此鼓励她更听话，这是个好主意吗？

兄弟姐妹之间的竞争可以产生非常正面的效仿，孩子们自己也有互相模仿的倾向。小男孩想跟姐姐一样行事，小妹妹则想模仿大哥哥。年龄较长的孩子被当作典范，这也会鼓励他自身的成长，这些都能促进儿童的发展。

然而，当父母把家里的某个孩子标榜为家里其他孩子的榜样时，也有可能引发孩子们之间的嫉妒、心理不平衡或自我贬低。因为无论谁被拿来与其他人比较，几乎都不会感觉良好，除非这被视为一种恭维。有些孩子甚至可能将其视为对他们独特之处（自尊和自信的重要组成部分）的否定。

自主和自信之间有联系吗？

自主和自信这两者是相辅相成的。正因为孩子有自信，才能敢于走出家庭的保护圈，最终展翅飞翔——这是我们教育的终极目标。独立自主可以增强自尊，这也是事实。如果孩子意识到自己因独立而摆脱了糟糕的境地，并且取得了成功，那么这将增强他的自信心。

但是我们必须注意的是，要避免在孩子还没有准备好时就强迫他独立，这可能会导致他产生一定程度的焦虑。在生命的初期，孩子完全依赖于他周围的人，他的自信心取决于父母。当他知道自己可以依靠你的支持，知道你会保护他，不会抛弃他，他才会感到安全。

父母表现出的稳定性是孩子构建自信的基本要素。如果你对他的态度始终如一，他将能够预测你对他不同行为的反应。能够预测你的反应会给他一种可控感，让他感到安全。反之，如果你对他的态度变幻莫测，他就会感到自己的世界混乱而失控，他会因此感到无助和无力。比如，如果你没和他道别就突然消失了，或者没有事先告诉他你会在他醒来前离开，他很可能会有一种被抛弃的感觉。同样，如果面对类似的事件（他打翻了水杯、摔破了裤子等），你每次的反应都截然不同——有时不在意，有时愤怒，就会让孩子感觉自己像一个在变幻莫测的海洋中翻腾的软木塞，很不安全。

你的反应的稳定性和一致性是孩子建立安全感的重要因素。尤其是在他生命的最初几年，如果他知道自己可以在你身边找到避难所，你会安慰他、让他安心、保护他，他可以依靠你，那么这对于他在情感上的安全感大有益处，而且至关重要。他会把这种安全感内化，使它成为自己的一部分，并利于自己的独立自主。

作为父母，我们的角色是促进孩子的独立，而不是阻碍其发展，尤其是当孩子开始依赖他的自信心时，这显得尤为重要。我们的确要先确保孩子的安全，但当恐惧控制了我们时，请永远不要忘记，让船只停泊在港口当然很安全，但它们并不是为此而生！

父母经常因工作外出，这对孩子会有伤害吗？

给孩子带来负面影响的不是分离本身，而是体验它的方式，不恰当的方式有可能会让孩子在没有真正分离的情况下，感到被遗弃。例如，当孩子独自在房间里醒来，无论怎么喊叫，都没有大人回应；当你没有事先告知孩子要分离，却留给他一个既成事实，那他就会感到被遗弃……这些状况都会让孩子体验到极大的无助感。

这些负面的感觉很可能会损害他的自尊，因为孩子很容易认为自己要为这件事情负责。在他看来，如果你"抛弃他"，就是他不够"好"。更具体地说，无助感会损害他的自信心：如果我没有任何办法改变现状，我就只能任人摆布……

我常常过于担心孩子，如何让孩子不受到我的影响？

与我们对爱非常普遍的一种认知相反，担心对方并不是爱的表现！它只是各种恐惧情绪的表达，通常是与对自己、对他人或对整个生活缺乏信心有关。我们不担心和我们无关的人，并不意味着担心某个人就能证明他在我们心中的重要性。在关心和漠然之间，还有第三种方式：留心对方的兴趣并提供帮助。

当父母的恐惧不仅让他们自己难以忍受,还迫使他们限制孩子的天性和自由时,这种恐惧就会成为一个严重的问题。我们有必要在儿童的安全预防措施和对他们过度控制之间找到平衡,虽然这并不总是很容易。一方面,前者是必不可少的,因为它提供了界限,让孩子在这个界限内可以感到安全,并能自由地发展他们的技能和自主性。另一方面,对孩子的过度控制会变得有侵略性,很可能会让孩子感到痛苦。他会变得提心吊胆,并缩小自己的活动范围,从而不得不屈从父母的控制。这会让他因在渴望独立的阶段,却仍必须依附于父母而感到内疚。当然,也可能会出现与此相反的情况,他可能会反抗父母的干涉,并采取危险的行动,特别是在青春期这个阶段。

所以,作为父母,我们有责任控制我们的恐惧,并确保我们的孩子不会因此受连累。让我们来思考一下自己对他们的教育,我们希望孩子长大成为什么样的人,以及我们如何做才能帮助他们朝着正确的方向前进。首先,我们可以总结和列出我们对养育所持的态度及目标,然后可以与其他父母一起讨论——在我们感觉要被自己的恐惧所淹没时,这将是有用和必要的一步。

> 有些母爱就像一根套在孩子脖子上的绳索：孩子对生命稍加探索，绳索就会收紧。
>
> ——克里斯蒂安·博宾

如何克服内心的恐惧？

尝试去表达你恐惧背后的原因和渴望。你是害怕孩子在学校出现安全事故吗？还是担心他在学业上会遇到困难？此时，请转变你看待问题的态度，并以积极的方式处理问题。与其被对事故的恐惧控制，不如鼓励孩子谨慎行事，让他骑自行车时戴头盔，教他遵守交通规则，让他不要单独外出；对待孩子的学业，也可以采用同样的方法。与其把注意力集中在对失败的恐惧上，不如给孩子创造能实现成功的机会：带他去博物馆，激发他的好奇心；建议他玩智力启蒙游戏；关心他的家庭作业……总之，让心想事成的渴望来代替一直支配你的恐惧。

> 担忧就像玩摇椅。它让你不停歇，却永远原地踏步。
>
> ——佚名

孩子的问题

"不管怎样,你总是责备我,我看得出来你更喜欢我弟弟!"

根据孩子的年龄或个体特征,父母以不同的方式对待他们是正常的。但如果孩子认为自己受到的这种待遇差异,是你在偏袒其他的兄弟姐妹,那么他可能会推断自己"不够好",而另一个孩子比他"更好"。这会损害他的自信心和自尊。相反,忽视每个人的年龄差异和个体特征,以同样的方法对待所有孩子,也会让孩子产生不公正的感觉。比如,如果强迫最大的孩子必须和最小的孩子同时入睡,以防止后者哭闹过久,这公平吗?

此时,最重要的是你需要向孩子解释,他们每个人都是独一无二的,因此你对他们的期望和要求也是不同的。你可以补充说,你对他们的爱都一样多,只是有时候你表达爱的方式不同(拥抱其中一个孩子,与另一个孩子散步,对第三个孩子柔声细语……)。

第五章

如何帮助孩子
找回自尊与自信？

对自己的孩子有信心，并不是要你相信他永远不会经历挫折或失败，或者认为他没有缺点，而是你相信在任何情况下，无论他做了什么、发生了什么，他都可以站起来，走出困境。应对这些情况你可以：请他自己找到解决办法，而不是把我们的解决方案强加给他；向他提供我们的帮助，而非代替他行动。

孩子总是说"我做不到,我永远做不到",该如何帮助他?

通常,当我们说"我不能",这意味着我们认为事态并不取决于我们的意志,但事实并非如此。例如,如果你接受了一个聚会邀请,而同时有其他朋友请你在同一天晚上出去,你会回答:"对不起,我不能去。"这和你的"能力"无关,却和"意愿"有关。即便出于礼貌你会说"我不能",也不要忽视一个事实:其实你是做了一个出于自己意愿的选择。意识到这一点,就不会让我们感觉自己受制于环境,或者感觉自己是某些人或事的受害者。同样,当你说"我别无选择"时,这通常意味着你在否认其他可能性。比如,如果你说"我别无选择,我必须做阑尾炎手术",这实际上意味着:"考虑到我的健康状况,我可以在做手术和让自己的生命处于危险之中做选择,我选择了哪怕做手术也要保全自己的性命。"当你意识到这是你自己所做的选择,这会加强你的自信心,也会使你摆脱受害者的心态。所以,强调孩子自己所做的选择,可以增强他们对生活的控制感,从而增强他们的自信心。而不做选择其实也是一种选择:让别人替自己做决定,这也是我们的选择。

因此,让我们注意自己的表达方式,并摒弃凸显自己是

"受害者"的用语，告诉我们的孩子也应同样如此。

任何事情都具有两面性，我们还可以挖掘一些因缺乏信心而被隐藏的好处，来帮助我们的孩子更好地权衡利弊，明确自己的意向（例如，如果我不去找别人，也许就没有被拒绝的风险，但也失去了尝试的机会），更好地知道自己想成为什么样的人。

去战斗也许会输，但那些不去战斗的人已经输了。

——贝托尔特·布莱希特

孩子收到负面评价的时候，我该如何帮助他？

作为一个成年人，尽管你凭借生活经验和知识，在许多方面都比孩子懂得更多，但不管如何，你并不在他们的位置上，记住这一点很重要。我们每个人都是自己最好的专家，但仅限于自身问题，而对你的孩子来说，他才是解决自己问题的最好的专家。

当孩子收到外界的负面评价时，我们可以告诉孩子，我们理解他的感受，因为当我们在他这个年纪时，也曾有过同样的困惑，有着同样的心态。我们还可以告诉他我们当时是怎么做的，或者如果我们是他，我们会怎么去做，同时应明确地向孩子说明，最终的抉择者是他，应由他来应对。我们还可以通过与孩子一起讨论来帮助孩子，请他表述自己看待事物的方式、他的解决办法、他自己的答案。这样的方式不仅可以增强孩子的自信心，还可以给他提供用来面对困难的方法，以及教会孩子学习如何思考，如何提出问题，如何解决问题。由此，他会逐步发现自己的潜能并利用它们。

此外，你这样做还向他展示了自己对他的信任，并让他也相信他自己，这将增强他的自尊。

孩子因害怕而不敢尝试，父母如何帮助他正确看待失败？

对失败的恐惧有时会导致我们放弃尝试，即使这可能会让我们损失惨重。下面这个事例很好地说明了这一点。

一个年轻的男孩跟我说，他不敢邀请一个女孩参加晚会，他说因为他害怕被女孩拒绝。我问他，如果他邀请了女孩，他能得到肯定答复的概率有多大。"二分之一。"他说。于是我向他总结了一下："如果你问她，你有一半的概率可以和她约会，但是如果你不问，你的机会有多大？没有。"他因而得出结论，如果他的目标是和这个女孩约会，那么冒着被拒绝的风险总比完全不尝试要好得多。所以，我们如果过多地关注障碍物，就会忽视我们所追求的目标。

父母有责任帮孩子评估他们所遇到的阻碍，帮助他明确自己的目标，坚定自己的意愿。这个过程对增强自信非常有价值。请记住，阻止我们采取行动的大多数障碍都是我们自己在想象中设置的。

事实上，有时是我们对失败固有的印象阻碍了我们前进。我们通常会害怕它是有决定性和毁灭性的。确实，有些失败的后果可能很严重，如考试不及格会妨碍升学，毕不了业可能会导致就业方向的改变。但我们需要记住的是，我们的生命和幸福并不会因为一次失败而真正地受到威胁。严格来说，除了极少数极端事例，大多数情况下，失败不会杀死我们。即使在失败的那一刻我们可能很难过，但谁又知道这次失败不会有利于我们的人生呢？一个人真正的自信并不是认为自己在所有事情上都能成功，而是在面对困难时，依然相信自己能够渡过难关，能够自我调节并重整旗鼓。

从另一个角度看，有时候恐惧是一个很好的战斗驱动力，如果我们不害怕失败，那我们就会得过且过，不再战斗。但是，与恐惧做斗争需要耗费大量精力，而这些精力本可以被更好地利用。所以，加强我们对成功的渴望，比保持对失败的恐惧更有建设性，也更有效。让我们帮助孩子建立"我的生活和幸福并不都取决于我的成功"这种信念，这将有助于他保持自信，而不会让他在困难面前惊慌失措。

在隆冬时节，我发现自己的内心有一个不可战胜的夏天。

——阿尔贝·加缪

孩子的自尊心跌到了谷底，我该怎么做？

在孩子很小的时候，你只要简单地告诉孩子他很棒可能就足够了。但很快，随着孩子年龄的增长，他就会认为你的观点并不客观，他会认为你对他的夸赞仅仅是因为他是你的孩子，因为你爱他。此外，如果他把你的这种反应理解为无意倾听和缺乏兴趣，还可能会加剧他缺乏自尊。

和孩子采取以下对话方式，明显会好很多。

"你为什么会这样认为？你对自己做出这样的评价的原因是什么？你觉得自己哪里做得不好？"

我们也可以问问孩子，他对自己的这种消极看法来自哪里，是和谁对比的结果，或建立在什么标准之上。我们还可以和他讨论他这种想法的好处——这样看待自己有什么好处？虽然这可能只是孩子一时说的丧气话，但也是他向你寻求帮助的一种信号。

很多时候，我们还可能会和孩子谈论很多关于自己的丢脸的事或消极的情绪。实际上这种内心的"八卦电台"对于孩子来说几乎没什么建设性。如果我们在交流中出现过多这样的话题，它就会限制孩子的想法并且让他感到沮丧，更不用说这种对话的负能量也会使我们自己的负面情绪加强。所以，我们应当教孩子及时终止这样的话题，最好用"朋友电台"来代替："你说你很差，那你最好的朋友会怎么看待你的想法？如果你最好的朋友说自己很糟，你会对他说什么呢？"

正能量加毅力可以征服一切。

——本杰明·富兰克林

父母是否应该从孩子年幼时就鼓励他克服恐惧，勇敢地尝试？

这个问题没有绝对的答案，它取决于孩子的个人特质以及他当下所冒险的领域。

当我们观察父母分别和他们年幼的孩子在一起玩游戏时，可以发现这两者是有明显的区别的。

总体而言，父亲和孩子互动时，更倾向于戏弄他们，频繁地去逗他们，有时甚至会让孩子的情绪到达崩溃边缘。父亲会表现出更多的想象力，并喜欢提议孩子和他一起玩更多的体育游戏。此外，在语言方面，他们会要求孩子做更多的解释和澄清。母亲则更倾向于及时回应孩子的问题，即使答案并不总是那么准确易懂，她们更愿意和孩子一起玩较为传统和常规的游戏。一般说来，和父亲相比，母亲较少要求孩子自我超越，与之相反，她们会热衷于给孩子提供能够增强他们生活技能的活动。父母的这两种策略是互补的，都是孩子智慧的来源。

如果说"推"孩子一把是有益的，那么父母要重视的是不能止步于此。在孩子面临困难时，父母的态度也占有主导地位，所以父母不能只停留在一种"永久的教育模式"中。更不要以为只需要鼓励孩子去挑战任何事，让他去克服他的恐惧，这样就可以使他再无惧意，这是一种幻想。但可以肯定的是，当孩子面对困难、恐惧、忧虑时，他需要你的帮助：鼓励他加倍努力，鼓励他再试一次，或者使他安心。

然而，要找到适合自己孩子的平衡点并不是一件容易的事。如果目标在孩子看来遥不可及，那么你过度的推动可能会令他沮丧；如果完全不推动，这可能会被孩子视为你放弃他的信息："无论如何，你不会成功。"所以，不鼓励孩子去尝试也是不好的，因为从不大胆尝试可能会被视为一种失败，这会加剧孩子的信心缺乏。

父母要根据孩子的自我发展情况及为人处事的方式和方法，积极地去调整自己的状态来配合他。这让我们可以知道在哪些时候要关注孩子的反应，及时纠正自己的态度。

像乌龟一样，只有伸出头来才能前行。
——詹姆斯·布赖恩特·科南特

孩子自我批判时，我感到很无助，该怎么办？

有时，我们会在孩子缺乏自尊和自信时倍感无助，有种不知道该怎么说的感觉。在这种情况下，比起言辞，我们的态度更有说服力。

当你不知道该说什么时，可以讲故事给孩子听，尤其是那些在孩子年幼时就耳熟能详的经典故事（如童话），对他会很有帮助。因为，童话故事更多是发人深省而不是只讲道理，它们对孩子产生的影响是真实而深远的。这些故事可以给孩子传达非常积极的信息，而无须我们再进行冗长的解释，在这个过程中我们最好不要发表评论，让孩子自己从中汲取他需要的东西，以及与他相关的信息。比如，在众多经典童话中，涉及自尊和自信的故事有《丑小鸭》《小裁缝》等。总的来说，所有讲述主人公面对困难，展示聪明才智去奋斗或接受帮助并最终成长的故事，都是建设性的。如果你不太了解那些，那就给孩子讲讲下面这只青蛙的故事。

有一群青蛙参加了一场游泳比赛。一开始有很多青蛙，它们一起从起点出发，但渐渐地，有些青蛙说这条路线实在是太难了，于是它们中途就放弃了比赛。还有一些青蛙甚至觉得这是条不可能完成的路线，直接放弃了比赛。很快,比赛就只剩下寥寥数只参赛者,而这时公众的失败主义言论又使最后几个参赛者也望而却步,但其中有一只最顽强的青蛙,它以真正的意志坚持了下去,并最终到达终点。当它到达终点时,其他青蛙都好奇地过来问它是如何坚持下来的,这时大家才发现,这只青蛙是个聋子!

支持我们的孩子,并鼓励他不要听悲观主义者的话,要展现出我们对生活的乐观态度,这才是我们给他的美好馈赠。

远离那些企图让你丧失雄心的人。小人物总爱这样做,但真正伟大的人会让你觉得你也可以变得伟大。

——马克·吐温

让孩子对自己的缺点有所了解,这样好吗?

孩子需要了解自己的特点、技能和潜力吗?是的。然而我们不喜欢的特点就是他们的缺点吗?孩子也不喜欢自己的这些缺点吗?那些真的是缺点吗?如果你的孩子擅长反驳,那么你们一起讨论话题时,你可能会认为这是一种缺点,但从根本上而言,这难道不是一种语言天赋吗?

我们在别人身上看到的缺陷和品质，就像我们在自己身上看到的一样，都是基于主观的判断。就好比节俭与吝啬之间，善于活跃气氛和爱出风头之间，它们的界限在哪里呢？实际上，每个人的感受不同，那么划定的界限也不同。

有一个印度的运水夫，他的肩头上有一根扁担，扁担两端各挑着一个罐子。其中一个罐子有裂缝，于是每次运水夫长途跋涉地从小溪到主人家后，这个罐子里的水只剩下了一半，而另一个罐子则完好无损，能带回满满的一罐水。

两年来，这个人每天都带回来一壶半的水。那个完好的罐子自然对自己的工作感到非常自豪，但可怜的破罐子却为自己只完成了一半任务而感到痛苦，为自己的不完美而感到羞愧。经历了两年的折磨，它对运水夫说："我很惭愧，在过去的两年里，我无法达到大家对我的期待，因为身体的一侧有裂缝，我只能一路漏水到主人家。"于是，这一次，运水夫请破罐子观赏沿路生长的美丽花朵。当他们往山上走的时候，破罐子确实看到路边长着美丽的野花，它心里感到暖暖的。可是当行程结束时，它又开始很沮丧，因为它漏掉了一半的水，于是它再一次为自己的缺陷向运水夫道歉。

运水夫对破罐子说:"你没有看见鲜花只生长在你那一边,而另一个水罐那边却没有吗?这是因为我一直都知道你有裂缝会漏水,于是我利用了这一点。我在你这一边的路上播下种子,这样每天从河边回来时,你都在给种子们浇水。两年来,我都在那里采摘漂亮的花朵来装点主人的餐桌。所以,如果不是有裂缝的你,也不会有那些花束来装饰他的家。"

如果你认为你的孩子确实有缺点,但为了让我们的目光亲切、仁慈,请多关注他的优点而不是缺点,因为我们关注什么,我们就会放大什么。

仅仅指出孩子的缺点一般是没有建设性的,最好的方式是你能提出有效的解决办法,强调他的优势,并鼓励他去发展这些优势。

把人们当作他们应该成为的样子来对待,你会帮助他们成为他们能够成为的人。

——约翰·沃尔夫冈·冯·歌德

我不够自信，如何让孩子不受我的影响？

当你提出这个问题的时候，说明你已经迈出第一步，即认识到你在这方面的不足。以此为起点，你可以尝试去克服恐惧（探究自己的内因和信念，然后质疑它们，并获取新的信念），而不是让自己屈服于它。

出于对父母的认同，孩子会倾向于持有与父母相同的世界观，倾向于同化父母的乐观或悲观。所以作为父母，我们要努力改善我们的生活方式和看待世界的方式。如果我们陷入抑郁的情绪，请毫不犹豫地寻求一切帮助来摆脱它，不要将我们自己的负面情绪转移到孩子身上。

最重要的是努力恢复属于你的自信。要做到这一点，你需要分析让自己感到不自信以及让自己有信心的领域，然后学着赞美自己所拥有的才华和技能；在那些你认为缺乏信心的领域，多尝试一些小挑战并为每一次胜利祝贺自己，无论它是多么渺小或有局限性；你也可以在每晚睡觉前，回想三件你在白天完成的并感到满意的事，以此来自我激励。最重要的是，在整个过程中，你要像自己最好的朋友那样鼓励自己，以此来关闭你内心自我贬低的想法。

孩子爱撒谎，我不再信任他了，怎么办？

如果你的孩子对你撒谎，请务必自问这是为什么。你应当意识到，可能是我们迫使孩子撒谎了。首先，我们反思一下，我们也经常会说谎，甚至不知不觉地用言行教孩子如何说谎。孩子是否曾看到这样的我们：当着孩子的面，我们对邻居说一切都好，而在两分钟前我们刚告诉家人自己有多累或有多沮丧；接到亲戚的电话时，我们热情地告诉对方我们很期待她来访，结果等挂断电话后，就开始哭丧着脸抱怨着各种麻烦；让孩子去接应按门铃的推销员，并让他说父母不在家，等等。

其次，如果我们把惩罚作为教育手段，就会促使孩子对我们撒谎。没有人愿意接受惩罚，于是孩子会意识到说谎可以避免受罚，你也不会因此指责他。

再次，如果我们不加考虑，不问清楚原因，就禁止孩子撒谎，难道这不会促使孩子更想用撒谎来保持他们一定的自主性吗？

最后，请注意，人与人之间的信任应该是相互的。我们希望能够信任他，但他也必须能够信任我们。如果在他倾诉时，我们的反应让他感到自己受了背叛（比如取笑他、把他说的话告诉别人、责骂他……），他将可能不再想向我们倾诉，或者他会为了保护自己的隐私而对我们撒谎，想想我们成人不也是这样的吗？

我们通过与孩子的交谈，或者先反思一下自己对孩子的行为和态度，再去分析孩子撒谎的原因，最后可以和他谈谈相互信任的重要性。请记住，这不是要你站在道德的制高点上去发表理论性的演说，而是需要你与孩子一同探讨缺乏信任的感受和后果。比如，你可以这么说："如果你跟我说你会去那里，但实际上你在其他地方，当我意识到这一点时，我会不知道什么时候该信任你，什么时候不该。我认为这对我们彼此来说都不舒坦，而且这对于你的人身安全并没有好处。"

我们随时都可以在新的基础上重新开始，不要不断地提到已经过去的事情，那样会让过去变成"现在"，从而导致孩子不良的行为不断被唤醒和强化。

昨天是历史，明天是未知，今天是礼物。

——安娜·埃莉诺·罗斯福

孩子的问题

"我考试又没及格。为什么会这样？我真是一无是处，无论做什么都会失败。"

否认或轻描淡写孩子的失败，乍一看好像是一种有效的解决办法，但最终是不利的。事实上，如果孩子为失败感到难过，而我们却告诉他这没什么，这实际上是在否认他的真实感觉，这会让他认为自己看待事物的方式是错误的，也给了他怀疑自己的理由。因此，父母首先必须要确认孩子的情绪："我明白你很失望（很伤心或者很生气），因为你没有像你期待的那样成功。"

然后，我们要了解孩子失败的原因是什么，哪个方面不足，以便正确地看待这些失败。"你的数学成绩不好，这意味着你在考试时没有掌握老师强调的概念。但这并不代表你学不好数学或者你不聪明；你没有被邀请参加朋友的生日会，这并不意味着你们的友谊已经结束，或没有人爱你，也不意味着你不擅长交朋友；你没能从黄带升级到绿带，并不代表你不擅长柔道，而是你当时没有做好充分的准备。"

我们要避免一概而论，要把看上去是失败的事件弱化，并向孩子反复申明，失败是一件很普通的事情，一次失败并不足以定义他整个人生。

我们还应当避免给孩子贴标签，这样会把他局限在某些态度和行为里；更不应当给他一个断章取义的负面形象，让他很难从中摆脱。注意不要使用类似"害羞""暴躁""敏感""啰唆""粗心"这样的词语去定义孩子。

这些并不意味着我们应该否认孩子有困难或弱点，但我们的重点是，帮助孩子学会以敏锐的判断力去评估自己的长处和短处。这将激发孩子用自己的能力来克服或弥补弱点，并帮助他接受和欣赏自己本来的样子。

多强调孩子的能力和成就，认识并记住他们的才华和内在品质，如勇气、坚韧、毅力等，而不仅仅是关注他的行为，这样做有利于恢复孩子的自尊。因此，不仅要重视他做得好的地方，也要重视他的内在品质。除此之外，时常告诉孩子，你为他的成长和成熟感到高兴，这也同样有益于他的自尊。

如何让孩子更加自信？

当孩子的行为是对的，我们应当及时表示肯定，即使这可能意味着我们必须向孩子承认自己的错误（有时是事后的），但也是增加他对自己和对你的信心的一个重要机会。同时，这也能让孩子意识到人不可能总是正确的，也给了他们成长的机会，让孩子知道承认自己的错误是力量的体现。

最后，向孩子表明你对他的信任，并鼓励他相信自己。事实上，你信任孩子就给他传递了一个信息：他也可以对他自己有信心。你还可以提醒孩子，如果他愿意，你随时准备好以他希望的方式来帮助他。此外，向他保证你的支持，是明确表达你爱他的标志。

失败，不是跌倒，而是止步不前。

——玛丽·皮克福特

结　语

没有微笑、甜言蜜语、表达爱的姿态，爱还剩下什么呢？

——莉塔·巴塞特

父母并不是唯一对孩子产生负面或正面影响的人，因为家族、朋友、学校、各种日常事件，也会留下它们的印记。但自尊和自信的一个重要来源还是我们从父母那里得到的爱，或者更确切地说，自尊和自信来自我们感到自己所获得的爱。有时，一个人所给予的爱，与你所接收到的爱之间确实存在差距。但正如作家加夫列尔·加西亚·马尔克斯所说："如果有人没有按照你想要的方式爱你，那也并不意味着他们没有全心全意地爱你。"

你可以问一问自己以下问题：我怎么知道别人是爱我的？什么让我感觉到被爱？

如果有人看到你来就皱眉头，批评你，不停地纠正你，经常要求你别烦他，甚至让你离开他的视线，很少注意你，很少对你微笑，经常抱怨你的所作所为，有时甚至当着他人的面也这么对你，你能感觉到被爱吗？

就我个人而言，当我看到别人因为生活中有我而喜悦，而我只需做我自己时，我就真切地感到被爱；当我找到一个我爱的人，看到他的脸上对我露出灿烂的笑容时，我会感到被爱；当有人告诉我，他很感谢有我这个朋友时，我会感到被爱；当有人表达他想和我在一起的愿望时，我会感到被爱。你呢？

有时在我们看来，我们对孩子的爱是理所当然的，以至于我们忽略了去把它表现和表达出来。这不仅仅是孩子的遗憾，也是我们的遗憾。表达我们的爱，是我们给自己的礼物，也是我们给彼此的礼物，因为正如心理治疗师巴里·尼尔·考夫曼所说："爱，是选择对他人的存在感到幸福。"

唯有爱能够创造奇迹。

——多姆·赫尔德·卡马拉

如何向孩子解释死亡？

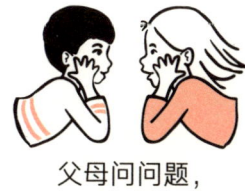

父母问问题，
大师来回答

[法]米歇尔·哈努斯
[法]伊莎贝尔·哈努斯／著
楼时钰 丁海娜／译

一本帮助你
让孩子
了解死亡的
指导手册

长江出版传媒 ｜ 长江少年儿童出版社

图书在版编目（CIP）数据

父母问问题，大师来回答. 如何向孩子解释死亡 /（法）米歇尔·哈努斯，（法）伊莎贝尔·哈努斯著；楼时钰，丁海娜译. — 武汉：长江少年儿童出版社，2023.5
　ISBN 978-7-5721-3852-2

Ⅰ. ①父… Ⅱ. ①米… ②伊… ③楼… ④丁… Ⅲ. ①少年儿童—家庭教育—问题解答 Ⅳ. ①G782-44

中国国家版本本馆CIP数据核字（2023）第056698号
著作权合同登记号：图字17-2023-063

FUMU WEN WENTI DASHI LAI HUIDA
父母问问题，大师来回答
RUHE XIANG HAIZI JIESHI SIWANG
如何向孩子解释死亡

[法] 米歇尔·哈努斯　　[法] 伊莎贝尔·哈努斯 / 著
楼时钰　丁海娜 / 译
责任编辑 / 马瑞芬　黄　琼
装帧设计 / 康苗苗　美术编辑 / 徐佳慧
出版发行 / 长江少年儿童出版社
经销 / 全国新华书店
印刷 / 广州市金骏彩色印务有限公司
开本 / 889×1194　1 / 32
印张 / 11.375
印次 / 2023年5月第1版，2023年5月第1次印刷
书号 / ISBN 978-7-5721-3852-2
定价 / 140.00元（全4册）

LA MORT D'UN PROCHE

copyright 2020 by Editions Nathan, SEJER, Paris – France
Édition originale : LA MORT D'UN PROCHE by Michel Hanus and Isabelle Hanus

本书中文简体字版权经法国Nathan出版社授予海豚传媒股份有限公司，由长江少年儿童出版社独家出版发行。
版权所有，侵权必究。

策划 / 海豚传媒股份有限公司
网址 / www.dolphinmedia.cn　　邮箱 / dolphinmedia@vip.163.com
阅读咨询热线 / 027-87391723　　销售热线 / 027-87396822
海豚传媒常年法律顾问 / 上海市锦天城（武汉）律师事务所　张超　林思贵　18607186981

目 录 CONTENTS

导　语

第一章
孩子是怎样想象和理解死亡的？

我带 6 岁的女儿去母亲的墓地，她问外祖母在哪儿。
她这个年龄的孩子是如何理解或想象死亡的？　　　　03

我们能和孩子谈谈我们对死亡的认知吗？　　　　　　04

如果 6 岁的孩子知道死亡是不可逆转的，
这是否意味着他们可以接受它？　　　　　　　　　　05

游戏、动画片中经常充斥着非真实的死亡场景，
这些会让孩子怀疑死亡的真实性吗？　　　　　　　　05

在孩子还没面对过死亡事件之前，
我有必要先和他谈谈死亡吗？　　　　　　　　　　　06

儿子的猫死了，4 岁的他对此感到非常难过，
我该和他说些什么？　　　　　　　　　　　　　　　07

孩子的问题　　　　　　　　　　　　　　　　　09
◎ "那你呢？你也会死吗？"
◎ "我的猫会回来吗？"

第二章
面对熟人的离世，如何让孩子做好心理准备？

我们能帮孩子为面对死亡做好准备吗? 13

孩子的爸爸得癌症住院了，情况不佳，
我该什么时候告诉孩子这件事? 14

我是否应该提前告诉孩子，
某个患病的亲人可能会离世? 14

我能把孩子带到他病重的祖母床边看望她吗? 16

如果患病的亲人不想见孩子怎么办? 18

怎样让一个身患重病的孩子为自己的死亡做好准备? 19

有必要和年龄还小的孩子谈论死亡吗? 他能理解什么?
该和他说些什么? 怎么说? 20

孩子的问题 22
◎ "为什么爸爸还没好，他一直要在医院里睡觉？"
◎ "太奶奶已经这么老了，她是不是快要死了？"

第三章
关于宣布死讯

如何宣布亲人的死讯? 怎样措辞最合适? 27

面对突如其来的亲友死讯，我该对孩子说些什么? 29

面对亲友的死亡，我该如何安慰我的孩子？　　　　　30

我应该在孩子面前隐藏自己的悲伤吗？
如果我做不到怎么办？　　　　　　　　　　　　　31

孩子的爸爸自杀了，我该告诉 4 岁的女儿这个真相吗？
怎么开口？以后再说会不会更好？　　　　　　　　33

孩子的问题　　　　　　　　　　　　　　　　　36
◎ "他为什么自杀？"
◎ "但他是个孩子，死了对他不公平！"

第四章
和逝者告别

是否应该避免让孩子经历一些特别悲伤的时刻？　　　41

我 4 岁女儿的祖母刚刚去世，我要带她去参加葬礼吗？
这会给她带来心理创伤吗？　　　　　　　　　　　43

孩子看到去世亲人被火化，会留下心理创伤吗？　　　44

孩子的问题　　　　　　　　　　　　　　　　　46
◎ "奶奶去世了，她听不见我们的声音了，但我们
　依然要和她说再见！"
◎ "你觉得妈妈在天上吗？"
◎ "人死了以后，身体会去哪里？"

第五章
看见孩子的悲伤，和孩子一起悼念

我的孩子很爱他的外祖父，
但他知道外祖父去世了却没有表现出悲伤，这正常吗？　　51

在一个家庭里，每个人体验和面对悲伤的方式不同，
但有什么是共同"必经"的阶段？　　54

我们怎么做可以让孩子尽快从失去亲人的家庭压力下
抽身而出？　　57

我应该经常和孩子谈论他去世的爸爸吗？　　58

4岁的女儿一离开她妈妈的围巾就睡不着。
对孩子来说，逝去的亲人留下的痕迹和回忆很重要吗？　　59

我儿子在6岁时失去了爸爸，
这种创伤可能会对孩子造成什么具体后果和心理影响？　　61

我儿子和他爸爸感情不和好多年了，
他将怎样面对他爸爸的突然离世？　　64

孩子失去了兄弟姐妹，这对他们有什么影响？　　66

亲人的逝去导致相关的环境和财产发生变化，
可能会增加孩子内心的创伤，此时父母应该怎么做？　　67

如何发现孩子潜在的焦虑？发现之后又该怎么做？　　69

如何与孩子一起为未来做准备并重启新生活？　　71

孩子的问题　　73
◎ "我怎么不记得爸爸了？我忘了所有我们一起经
历的时光。"

导 语

死亡是人生不可分割的一部分,我们谈论死亡时,应该像谈论生命一样自然。然而,让人打心底去理解死亡不太可能,因为它让人恐惧,谈论它,更不容易。你和自己的孩子谈论过死亡吗?你们是怎样谈论它的呢?

与孩子谈论死亡话题时,关键在于要简单明了地回答他们的问题。无论是在现实生活中,还是在孩子的书本、电子游戏或电影中出现了疾病、事故、自杀等情节,孩子比成年人更容易关注和谈论死亡。给孩子一个合适的答案并不容易,因为这些问题有时很直接,让人意想不到,甚至使人不安,尤其是当父母自己沉浸在痛苦中时。

父母当然有权告诉孩子,自己需要思考一下他的问题,等第二天再和他一起谈论。虽然独自思考一下孩子的问题是有用的,但是我们不应该把孩子的问题置之脑后,或者试图逃避,这样孩子可能会认为我们不想回答他。

当你面对孩子的提问感到有些无助时,或者当你想和他谈论一位亲人的去世但又感到太痛苦时,你可以向你的朋友或其他家庭成员寻求建议。但有时他们的建议并不管用,或者并不那么恰当,所以你也可以求助于医生、老师、心理学家。一些心理学家和儿童精神病学家可以成为很好的对话者,当然,他们的能力水平也可能参差不齐,你要谨慎辨别。除此之外,一些照顾儿童的专业机构和关爱失亲儿童的组织也有能力在这种情况下帮助到你。

第一章

孩子是怎样
想象和理解死亡的?

儿童不像成年人那样看待死亡，他们会想象死亡是什么样子，这样的想象甚至会持续很长一段时间。与此同时，随着他们对这个世界的客观认知不断增加，他们逐渐会明白什么是死亡，然后接受它。

我带 6 岁的女儿去母亲的墓地，她问外祖母在哪儿。她这个年龄的孩子是如何理解或想象死亡的？

通常来说，年幼的孩子对事物的想象要多于理解。年龄越小，孩子对死亡的想象就越远离现实。随着孩子的成长，他会在和环境的接触中逐渐变得更加接近现实。

这就是为什么父母不应该总试图避重就轻。父母可以简单地回答："你的外婆七年前去世了，比你出生的时间早一年。我们再也见不到她了，但我们回家以后还可以一起看她的照片。"

幼儿会自发地认为死亡不是自然的现象，而是可以避免的，或者他们会认为死亡是由外界因素和他人所导致的，而且死亡是"会传染的"。比如一个刚刚失去父母一方的孩子常常担心另一方也会逝去，并且还会联想到自己会死，这种情况并不少见。还有些很小的孩子会将死亡视为一种可逆的状态，并且等待着逝者的归来。

虽然这些想法听上去不切实际，但实际上我们成年人的想法也差不多就是如此。确实，我们不要忘记，几乎所有的传统文明都将死亡视为通往另一种生命的通道！

我们能和孩子谈谈我们对死亡的认知吗？

当然可以。孩子逐渐获得的客观认知是叠加在他们的主观概念上的，但他们并不会质疑自己的主观概念。这就是为什么孩子们的某些观点在我们看来是自相矛盾的。随着孩子年龄的增长，心理的逐渐成熟，以及生活中的见闻增多，特别是有了更多自身经验之后，他们会逐渐获得这些知识。

年幼的孩子并不知道什么是死亡，他们只知道人死了就不在自己身边了。稍大一些的孩子（大约4岁）会说："当人死了，他就不能再动、再跑了，他不能吃东西，也不能说话。"而通常在孩子6岁左右，开始理解时间的流逝时，他们就会明白死亡是不可逆转的，他们会说："当人死了，他就永远不会再回来了。"

对所有年幼的孩子来说，死亡是老年人的事，他们都觉得自己将是最后一个死去的人。孩子在8岁左右，开始认识到死亡的"普遍性"；而到了9~10岁，孩子会将死亡视为生命不可分割的一部分。

如果 6 岁的孩子知道死亡是不可逆转的,这是否意味着他们可以接受它?

确切地说,这并不意味着孩子可以接受它。即使一个孩子知道死亡是什么,并且知道生命无法挽回,也不能说明他一定能接受死亡。这需要很长的时间,对孩子来说甚至会很困难。知道、理解与能接受并不是一回事。

朱利安的爸爸去世两年后的一天晚上,8 岁的他问妈妈:"爸爸今晚会很晚回家吗?"面对妈妈的困惑,他接着说:"我知道,当人死了,他就不会再回来了!"

儿童在不断适应着成年人的世界,他们不想被当成婴儿,但仍保有自己的内心世界——充满想象的、不切实际的。在父母面前,或在同学、朋友和同龄人中,他们仍会这样表达。

游戏、动画片中经常充斥着非真实的死亡场景,这些会让孩子怀疑死亡的真实性吗?

即使是三四岁的小孩子,他们也很清楚地知道,在电影、动画片、电子游戏里,人不是真的死亡。

或许这些画面让他们印象深刻，但他们知道如何将其与现实区分开来。有些竞技游戏能够释放孩子的压力，减轻他们的攻击性，而战争类的游戏为游戏玩家提供了一种非凡的自由——死亡和复活的自由。一个8岁的孩子虽然知道死亡是不可逆转的，没有人的生命可以重来，但在游戏中，他喜欢消灭敌人并让他们复活。这正是游戏令他们兴奋的地方。

在孩子还没面对过死亡事件之前，我有必要先和他谈谈死亡吗？

孩子们第一次接触死亡的概念，通常是在他们的祖父母、邻居、宠物，或者某个名人逝去的时候，又或者是在野外看见死去的小动物，比如老鼠、鸟、昆虫的尸体时，他们会提出一些关于死亡的问题。

成年人和孩子谈论死亡这个话题时，应该尽可能简单、坦率和清楚地回答他们的问题，而超出问题范围的内容不要说得太多。

孩子通常也会害怕失去他们非常依恋的祖父母。5岁的雨果有时会对祖母说："你老了，你什么时候会死？"上了年纪的祖父母看起来很老了，于是孩子们就可能会问这些问题。此时祖父母可以坦率地回答："是的，我们会死，但不是现在。"这是一种让孩子做好心理准备的方式。但如果孩子没有提起这件事，祖父母就没必要主动提及。

儿子的猫死了，4岁的他对此感到非常难过，我该和他说些什么？

在孩子十分依恋的宠物死后的最初几个小时或几天里，他会陷入悲伤，这是很正常的情感。你可以和孩子一起为这只动物举办一场送别仪式，帮助孩子走出痛苦。例如，你可以向孩子提议一起给宠物组织葬礼，并寻求他的意见："你是希望我们一起把它埋在花园的尽头，还是带它去找兽医呢？"这是一种仪式化的方式：让孩子参与其中，并和他的小动物道别。

如果过了很长时间孩子依然沉浸在哀痛中，家长就有必要想一想这只宠物对他来说意味着什么，为什么孩子会对它有如此强烈的眷恋之情。它是在父母分居、亲人去世、一场大病或其他重大变故时来到孩子身边的吗？这可能意味着孩子还在为这些事情伤心，所以你最好和他谈一谈。也许孩子一开始会拒绝谈话，因为回忆当初的场景会让他很痛苦，打开心扉更不易。但父母可以告诉他，自己也为之前发生的不幸感到抱歉和难过，随着时间的推移，孩子就会慢慢治愈自己。

还有一种情况是，这种巨大的、持久的痛苦，来自孩子无法向父母和盘托出他当前所面临的困难。父母应该用智慧和耐心，试着让孩子说出是什么事情让他们如此痛苦，然后努力创造一种彼此信赖的氛围，倾听孩子的心声，这样才能帮助孩子走出痛苦的情绪。万不得已时，父母可以和儿科医生、精神科医生讨论这件事，寻求帮助，因为我们绝不能让孩子一直沉浸在无法自拔的悲伤里。

—— 孩子的问题 ——

"那你呢？你也会死吗？"

这是孩子在面对身边的死亡时经常会问你的问题，特别是 3~5 岁的低龄孩子。他害怕身边的人死去，特别是他的爸爸妈妈。父母的回答一定要让他安心，你可以这样回答："当然，总有一天我会死，就像其他人一样。不过那要等我老了以后，比爷爷奶奶还要老的时候。那时候你已经长大了，成为爸爸甚至是爷爷了！"显然，如果这个问题是孩子对患有严重疾病的父母或祖父母提出的，答案肯定会有所不同。但孩子一般很少会在这种情况下提出这个问题，因为他能感觉到在这种特殊的情况下，这个问题的答案可能会让他难以接受，他会感到害怕。

| 如何向孩子解释死亡?

"我的猫会回来吗?"

    在这个问题上,让孩子清楚地知道死亡是不可逆转的很重要。即使你担心这会使他更加受伤,但我们也需要给他一个简单明了的回答——"你很爱你的猫。我知道你希望它回来,我们也一样。但它确实再也回不来了。"

第二章

面对熟人的离世,
如何让孩子做好心理准备?

面对熟人的离世，如何让孩子做好心理准备？首先这意味着你需要帮助他们更好地承受以及接受自己即将面临失去。可以说，之前所做的一切铺垫对以后都必不可少。这也是帮助孩子准备好向弥留之际的亲人道别的最好方式。最后，这也保护甚至加强了家庭的凝聚力。

我们能帮孩子为面对死亡做好准备吗？

我们教育孩子的目的之一，就是让他学会为生活做好准备。死亡是生命的一部分，教他做好准备来面对这个考验很有必要。父母离婚和亲人（爸爸、妈妈、兄弟姐妹）去世，是孩子一生中最严重、影响最大的两类事件。

这种准备是重要且必需的，但并不那么容易做到，因为这种情况下父母通常也沉浸在自己的悲伤里，而弥留之人又需要周围人倾注所有的关注和精力。这可能会伤害到孩子——他们有时会感到被冷落，有时的确被父母忽视了。如果孩子的兄弟姐妹中有人得了重病，这种情况就尤其突出。

陪伴孩子的成年人需要清楚地意识到，孩子在某一年龄段是可以理解和思考死亡的，而且也要意识到孩子对家庭中所发生之事的了解要远超父母的想象。孩子们凭着直觉感受着周围的一切，他们用眼睛看、用耳朵听。他们能看见父母疲倦的面容，能觉察到他们紧张、痛苦或不安的迹象，甚至听到了他们并不该听的对话和言论。如果这时候他们没有得到正确的解释，他们可能会想象出一些并非真实发生的事情，并把自己困在这些想象里，焦虑不安。

孩子的爸爸得癌症住院了，情况不佳，我该什么时候告诉孩子这件事？

当孩子的某个亲人患上重病——即使不一定是恶性的，哪怕孩子的年纪很小，他也会很快意识到这种情况让人担忧。随着亲人疾病的持续，孩子会进入一个焦虑的阶段，他会受到周围成年人反应的影响，而且成人和他说得越少，他就会越担心。严重的疾病通常是渐进式发展的，你的担忧也会与日俱增，无论如何孩子都会感觉得到。所以，即便是家庭中发生了很严重的变故，你最好也要和孩子简单聊聊，不要把孩子蒙在鼓里，却以为这是在保护他。

在亲人开始患病的时候就可以告诉孩子，亲人的病情会如何发展，以及可能发生的结果，这点很重要。

我是否应该提前告诉孩子，某个患病的亲人可能会离世？

亲人去世对孩子来说是最严重的事情之一，最好不要让他们猝不及防地面对，尽可能地让孩子提前做好心理准备很有必要。

随着亲人的疾病的发展，经常与父母交谈的孩子会和父母同时意识到疾病的严重性。8岁以上年龄较大的儿童，他们还能通过大量的外界信息来判断疾病是否很严重，这个信息不一定是从父母那里获得的，他们已经能预测死亡发生的可能性。

如果一个孩子在亲人的整个病程中都了解到充分的信息，那么他在看到父母一方从医院回来并带着极度的焦虑时，他有可能会自己提出亲人会不会死亡的问题。在这个问题上，我们不能遮掩真相试图让他放心，也不应该为了保护他而对亲人死亡的可能性避而不谈。即使这做起来确实很难，我们也可以回答："我真心希望他不会有事，但我不能确定最终结果。不过我们和医生正在竭尽所能地救他。"

和孩子谈论患病的父（母）亲可能会死亡的这件事，并不是只能由健康的一方来做。生病的一方，如果他（她）有精力，也可以和孩子聊聊这件事，向孩子解释自己可能会死，让孩子有个心理准备。

还有种情况也会发生，孩子可能不会询问任何问题，也从不谈论父母的病情，但这并不意味着孩子心里没有疑问和担心，他只是把这些问题和焦虑都藏在了心里。这通常是因为他感受到父母的痛苦，出于对父母的保护，他不想用自己的问题来让父母烦心。事实上，这样的孩子内心的压力更大，因为他的担心是双重的，他不仅在为即将逝去的一方担心，也在为另一方担心。在这种情况下，你有必要主动地与你的孩子交谈，即使这很困难。不与孩子谈论这件事，就是在强化他的这种"帮助和支持"，而这并不是孩子应该承担的职责。对于年幼的孩子来说，他们还不能完全明白正在发生的事，这会让他们更加焦虑。因此你也有必要主动与孩子交谈，并留心他们是否理解得正确。

如果这对于父母健康的那一方来说确实有困难，那么最好让另一个家庭成员或与孩子关系密切的成年人来和孩子交谈。

我能把孩子带到他病重的祖母床边看望她吗？

当一个孩子被问及是否想去和临终的亲人道别时，他的答案几乎总是肯定的。如果孩子和这位亲人很亲近，他甚至可能比我们更需要和亲人告别。当一个孩子错过了这个告别时刻，他以后会感到后悔。

用逃避现实的方法来保护孩子是成年人单方面的想法。成年人常常担心一个垂死之人会给孩子留下不好的印象，因为此时病人的身体或说话方式发生了很大的变化，但是孩子们不会强烈地产生那样的感受，他们并不像我们一样对外在形象这么敏感。事实上，比起看到病人，孩子更担心的是永远看不到亲人，尤其是此时病人的状态看上去已大不如前。孩子们很清楚，即将逝去的人是生病了，是因为身体不好才出现了外形上的变化。

劳伦斯是一个 8 岁的小女孩，她的祖母患有癌症，已经到了晚期。劳伦斯的父亲打电话跟我说，劳伦斯执意要去医院看望她的祖母。但祖母的身体每况愈下，形容枯槁，他担心这次会面会让女儿陷入忧虑。我和他们见了面，劳伦斯在她父亲面前郑重地重申了她想去看祖母的愿望。我劝她的父亲不要拒绝她。几个星期后，我收到了一封来自这个小女孩的感谢信，她告诉我，她很庆幸自己在祖母去世前能再次见到她，而且与她父亲所恐惧的相反，她会牢记祖母的许多其他美丽的模样。

如果说把孩子带到生病的亲人床边去探望是很重要的，那父母必须帮孩子对这次或许会很艰难的会面做好准备，并能在这个时刻——或许是与亲人最后一次的会面中，一直陪伴在孩子左右。

在去医院之前，你需要反复告诉孩子病人身体状况不佳，告诉孩子他有权改变主意，他并没有义务一定要去看望病人，陪在病人床边。更重要的是，不要让孩子自己孤零零地和垂死的人单独在一起，除非是孩子自己特意要求。如果是这种情况，我们可以让他单独待一会儿，但不要离他太远。

如果患病的亲人不想见孩子怎么办？

有些垂死的病人会因担心孩子害怕而不想见到孩子。如果父母自己也有这种担心，那就很难采取进一步行动。此时，我们应尝试与患病的亲人交谈，并告诉他孩子有多想和他告别。当然，患者的意愿必须得到尊重。如果最后因为临终者的拒绝或现实条件不允许而无法让孩子与之见面，我们可以向孩子解释，病人太虚弱、太累了，并建议孩子为他画一幅画，或给他写个便条，附上一张照片。这是另一种告别的方式。患者也可以写下回复或由亲属转述几句话来回应孩子的关心。

怎样让一个身患重病的孩子为自己的死亡做好准备？

这种情况无疑是为人父母所经历的最痛苦的磨难。当父母自己都被悲伤和沮丧所淹没时，怎么才能找到力量来让孩子为自己的死亡做好准备呢？父母照顾病重的孩子的时候，最好有医疗团队在他们身边来帮助他们应对孩子的生命终结。父母必须随时了解孩子的病情、检查结果和治疗情况，而医疗团队需要与父母密切合作，随时回答父母的问题，使他们能腾出时间来做好心理准备。

让生病的孩子为自己的死亡做好准备，父母需要告诉他疾病进展的真相。孩子知道自己的病情很重，而且会感知到死亡的临近。但很多孩子关心他的父母，在意他们的悲伤，他害怕给父母带来太多负担，因此他可能会隐藏自己的忧虑和痛苦。

有时候父母并不想让孩子知道真相，那么医生在不违背家长意愿的情况下，大多数时候会和他们单独会面交流，让他们有一点时间来宣泄和缓冲痛苦。医生有可能会让父母了解到孩子需要知道真相，以便让他自己更好地应对。

即使生病，孩子也仍然期望和家人住在一起。在孩子生命的最后几天，只要父母愿意，他们将被允许日夜陪伴在孩子身边。帮助病人为他自己的死亡做好准备，特别是对孩子而言，重点在于最大限度地减轻他们的痛苦。而即将离世的孩子希望直到最后，他们都能像正常孩子那样保留自己的游戏和娱乐，并能够在医院中享受教育，他们也十分在意是否能再见到同学和朋友。这都是值得家长关注的地方。

有必要和年龄还小的孩子谈论死亡吗？他能理解什么？该和他说些什么？怎么说？

成年人、父母本能地倾向于让孩子远离死亡，更何况是对年幼的宝宝。即使婴儿还不能理解什么是死亡，他们也会将其体验为一种分离、一种缺席。

因此，当直系亲属死亡时，你有必要与孩子谈论这件事，就像和其他家庭成员直接交谈一样，避免拐弯抹角，并且尽量使用简单、准确的语句："你爸爸去世了，我们再也见不到他了，但我们会在心里永远爱他。"婴儿虽然不理解这些话的含义，但他能看到、听到并感觉到这些话是对他说的。以后等他长大了，我们再对他说这件事，可能会唤醒那些旧的记忆。

马克有两个孩子，6 岁的朱勒和 3 个月大的诺艾米。他来找我是因为他的妻子在诺艾米出生时突然去世，他现在不知道该如何向孩子说明这一切。当时，诺艾米在她父亲的怀里打瞌睡，可当我直接跟她说她母亲去世的事情时，她睁大眼睛凝视着我，我能感觉到她在聆听。

向婴儿说出自己的悲痛也很重要，因为无论如何孩子都会注意到你的情绪。你可以对孩子这么说："你爸爸的离世让我感到非常悲痛，你肯定也是，我们都是。"这样做以后他就不会想象自己也对此负有责任。最后，当我们和婴儿说起他的父母其中一方去世时，我们可以同时告诉他，我们将尽一切努力确保他尽量少地遭受失去这位至亲的痛苦。我们爱他，我们会照顾他，我们将永远在他身边。

还有一种特殊的情况是，当一个孩子还在母亲的肚子里时，他就经历了亲人的死亡。如果是这种情况，那么当有一天我们感到足够自信和足够坚强的时候，就有必要和他谈谈这位逝者了。

——孩子的问题——

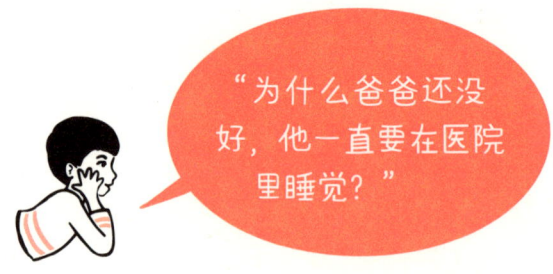

"为什么爸爸还没好,他一直要在医院里睡觉?"

即使是很小的孩子,他们也能感受到周围的事物,感受到我们的痛苦、焦虑,所以成人试图通过隐瞒真相来保护他们是没有用的。最好用简单明了的话让孩子做好心理准备:"你也知道爸爸病了,他在医院接受治疗。现在医生们正在照顾他,尽他们所能地治好他,但他的病很严重,我们不确定能不能成功。他还会做更多的检查,也许还会接受新的治疗。所以,他还要在医院多住一段时间。如果你想念他,可以给他打电话,给他画一幅画或者给他写一小封信。他一定也像我们想他一样地想念我们。"

"太奶奶已经这么老了,她是不是快要死了?"

从三四岁开始,孩子会非常自然地明白,年迈的老人即将走到生命的尽头。他可能会问你,他的太奶奶是否也会死。我们可以很简单地回答他:"每个人最终都会离开这个世界。你的太奶奶年纪很大了,她肯定会比你和我们先死,这很正常。但是,她现在很健康,还可以活很多年,而且并不是所有人都在同一个岁数逝去,有些人的寿命非常长。太奶奶可能就是这样的,我们很高兴她还能和我们一起生活很多年。"

第三章
关于宣布死讯

如果一个孩子没有经历过死亡，也没有足够相关的知识来理解那些关于死亡的暗示或过于夸张的用语，这当然是最好不过的。但要听到与此相关的"真"话，这对帮助孩子正视死亡这个现实是必不可少的。

如何宣布亲人的死讯？怎样措辞最合适？

如果孩子已经知道亲人的疾病情况及其发展的最终结果，哪怕我们提前带孩子做了大量的心理准备，或者已经让他和这个亲友道过别，但突然宣布对方的死讯对孩子来说，仍然是一个巨大的打击。

6岁的朵拉，她的爸爸刚刚在医院去世了，她的妈妈一直陪在他身边直到最后。她的爸爸因病住院了多次，在一年后去世。朵拉和她的妈妈一起经历了这一切。她很清楚她的爸爸生病了，而且病得很重，有死亡的可能。朵拉在爸爸生病的整个过程中都保持和妈妈的交流。她向妈妈倾诉自己的悲伤和忧虑，并尝试通过帮助妈妈做一些力所能及的事情和变得乖巧，来减轻妈妈的负担。朵拉已经习惯在妈妈从医院回来后的反应中猜测爸爸的病情。在最后的日子里，她感到她的妈妈越来越难过，因而就猜想爸爸肯定快要死了。朵拉主动问妈妈："爸爸死了吗？"妈妈的抽泣给了她明确的答案。爸爸去世不久后，朵拉请妈妈讲述爸爸弥留之际的情形，因为她想知道这些。

当我们感觉到亲人即将离世时，在告诉孩子这个坏消息之前，让他做好心理准备："你知道，奶奶生了重病，医生已经无法医治她了，她的身体不行了，她可能很快就会离开这个世界。我知道你很伤心，我也和你一样，我们都会非常想她。"孩子可能在几天后就迎来亲人真正的死讯："很遗憾，奶奶今天早上去世了。"说这些话并不容易，你可以把孩子抱在怀里说，但最重要的是必须和他说实话，不要用"奶奶离开了"这样委婉的说法，因为对于一个孩子，尤其是很小的孩子来说，他们认为离开了的人还可以再回来。

对一个被置身事外，对亲人的疾病毫不知情，也不了解病情进展的孩子来说，情况就大不相同了。为了不让死讯的宣布过于突然，你有必要把患者生病的过程和孩子简单地讲述一遍。比如，解释这位亲人的病比我们想象的要严重得多，医生们无法治疗他，他的病情逐渐恶化。父母必须做好前面的铺垫，才能最后说出"死"这个词。这往往是困难的一步，如果父母没有勇气和孩子谈论亲友的疾病，那也很难和孩子谈论死亡，他将需要外界的帮助。

面对突如其来的亲友死讯，我该对孩子说些什么？

6岁的阿克塞拉，她的爸爸在打完网球回家的路上突然死于心脏病。阿克塞拉马上要放学回家了，此时她的妈妈悲痛欲绝，不知道该怎么告诉孩子这件事。

在这种特殊的、非常痛苦的情况下，当事人要依靠周围的人来获得帮助，尤其是关于眼前事务以及财产安排。此时更重要的是，应当让妈妈来告诉女儿这件事，正因为要让孩子接受这个严酷的现实相当困难，所以必须由妈妈当着孩子的面宣布爸爸去世的事实。比如，在阿克塞拉这种情况下，她的妈妈可以这样说："你知道爸爸去打网球了。当他准备回家时，他感觉不太舒服，就晕倒了，我叫了救护车。医生试图使他醒过来，但没有成功。最后爸爸的心脏停止了跳动，他死了。"

当夫妻中的一位突然陷入非常沉重的悲痛中时，另一方不得不忙于奔走而可能无暇顾及自己的孩子。这时候就有必要提前安排好孩子的生活，特别是在最初的几天里。除了祖父母外，你还可以将孩子托付给他熟悉的或亲密的其他家庭成员来照顾，但要注意的是，不要试图密不透风地保护孩子，从而把他排除在正在发生的事情之外。

面对亲友的死亡,我该如何安慰我的孩子?

宣告亲友的死讯将给孩子带来强烈的情感冲击,这对他来说会是个艰难的时刻。在安慰孩子之前,你有必要让他充分表达自己的悲伤,让他哭泣,不要压抑自己,你也可以和孩子一起哭,因为悲伤是可以被分担的。

如果孩子表面上看起来好像什么情绪都没有,那么实际上此时他是非常需要帮助的,你要告诉他悲伤是正常的,哭泣也是正常的。千万不要以为,孩子什么都没表现出来就是心中没有痛苦,很多时候就是因为悲伤太过强烈,孩子才无法正常地表现出来,就好像我们大人过于悲痛时也会哭不出来,这都是正常的。

我们需要安慰悲伤中的孩子,可以把他抱在怀里,让他在我们身边待一会儿,或者温柔地和他聊聊逝去的人,谈谈我们对逝者的爱,以及逝者的离去给我们带来的伤痛。一段时间之后,我们只要让孩子回到之前有规律的日常活动中去:上厕所、吃饭、做作业、看电视……通常,孩子们很快就会从悲伤中走出来,之后又会重新感到悲伤。

在悼亡开始的时期,睡前的时间对于孩子来说非常重要:

此时请你多花点时间和你的孩子在一起，可以给他讲故事，读一本书，一起听音乐，拥抱他。然后准备一些玩偶，甚至可以是逝者的一个贴身物件（比如带有母亲香水味的丝巾），这都有助于他入睡。

当孩子的爸爸去世时，孩子想和妈妈睡在一起是很正常的需求。虽然在日常生活中，孩子睡在父母的床上是不可取的行为，但是在这种痛苦的情况下，你最好同意他们这样做，至少几个星期内是允许的，因为这也是一种有效的安慰，是能让他们安心、踏实睡觉的好方法。但这种做法不应该持续太久。

我应该在孩子面前隐藏自己的悲伤吗？如果我做不到怎么办？

为什么你会认为应该向孩子隐藏自己的悲伤呢？为什么不允许自己哭泣？如果成年人忍住自己的悲伤，那孩子也会不允许自己将内心的悲伤表现出来。相反，如果你把真实的情绪表现出来，这也是在允许孩子在悲伤的时候哭泣，鼓励他说出自己有多难过。悲伤代表着我们对逝者的爱，在家庭中与亲人共享悲伤对孩子是有益的。

当一个悲伤的成年人在他的孩子面前哭泣时，重要的是要告诉孩子自己悲伤的原因，有必要的话，可以多跟孩子说几次。除了这种情况外，即使孩子已经知道或猜到了你痛苦的原因，我们也必须再次告诉他，他对这种痛苦完全没有责任，相反，感谢他在我们身边，这让我们能够重新振作起来。因为孩子总是倾向于认为自己要为父母的悲伤和苦闷负责。

这是人生的一个必经的阶段，如果你在亲人死亡的那段时间里没有经历过悲伤，以后也必然会体验到。事实上，你在孩子面前哭泣并不会让他混乱，尤其是当我们已经和他解释过造成这种痛苦的原因。相反，如果你崩溃到无法再应付日常生活中的小事，却不告诉孩子具体原因，那才很可能让他担心和不安。在这种情况下，孩子将扮演起一个对他的年龄来说太沉重的成年人角色，以弥补父母的空缺，同时孩子可能会倾向于掩盖他们自己的悲痛心情和悲伤经历。所以，如果你此时过于悲伤，并感到在日常生活中力不从心，应该寻求其他成年人的支持和帮助。

孩子的爸爸自杀了，我该告诉 4 岁的女儿这个真相吗？怎么开口？以后再说会不会更好？

孩子的父母离世，不管死因是什么，即使是自杀，孩子也需要知道真相。重要的是，最好由他健在的那一方父母来告诉他，并且不要拖延太久。因为孩子很可能有一天会面对谣言，感受到来自"家庭秘密"的压力。如果父母一方是因为自杀而离世，另一方父母知道何时并怎样恰当地向孩子说明这件事很关键。

孩子们通常在五六岁的时候，就知道什么是自杀。但他们仍然完全无法理解、接受他们的父母会有人自杀。如果对成年人来说，自杀带有那么点神秘色彩，那么对孩子来说，自杀简直是无法想象的行为。孩子们很容易对自己周围发生的重大事件感到内疚和自责，倘若是自己的亲人自杀，他们的这种负罪感会更加深重。父母自杀的孩子会认为自己没有足够好到让父母活下去，或者认为是他做错了什么事才导致父母选择死亡。

向孩子宣布亲人去世的消息不应该拖延太久，可以是几个小时后，但不能是几天后。对于父母自杀的消息也是如此。虽然向孩子宣布这件事并不总那么顺利，但拖延太久的话孩子总能感觉到我们对他隐瞒了真相，甚至他可能会认为父母保持沉默是因为某些事在责怪他。

娜塔莉的丈夫路易自杀了。他们有两个孩子：5岁的托马斯和3岁的乔尔。娜塔莉无法告诉她的两个儿子真相。她只是解释说爸爸已经死了，他们再也见不到他了。娜塔莉参加了一个为自杀者遗属设立的团体，团体中有好多人鼓励她告诉自己的孩子真相。但由于她还无法做到，她便向团体里负责接待儿童的伊莎贝尔寻求帮助。

娜塔莉让长子托马斯加入了这群失去亲人的孩子中。在第一次聚会上，托马斯躲在了一边，显得非常孤僻。后来，娜塔莉、伊莎贝尔和托马斯坐在了一起。由于娜塔莉始终无法告诉她的儿子真相，伊莎贝尔说："托马斯，你妈妈和我有重要的事情要告诉你，是关于你父亲的。"这个小男孩立即回答说"现在不行"，并做了一个拒绝的手势。但在接下来的一次儿童组聚会上，托马斯已经完全融入集体了。当他看到他妈妈准备好告诉他那件他早已心知肚明的事时，他松了一口气。

对逝者的亲人宣布逝者自杀的消息，尤其是对孩子，必须分阶段进行：一开始，只告诉孩子亲人死亡的事实；不久之后，再用孩子能理解的语言明确地说出大人自杀的真相，并确保他理解得正确。随后，孩子可能会询问大人自杀的原因。对你和孩子来说，这都是一次艰难但重要的对话，不要跟孩子说自杀是一种个人的选择，或者说他们"太不开心"而不愿继续活下去的这种话。因为这些对孩子来说是很难理解的，而且总有一天，孩子也会感到"太不开心"，这会让他们回想起父母的行为。

父母一方自杀的儿童和年轻人，他们往往害怕自己在同龄时也会重复这种行为。但让我们再说一遍：自杀不是遗传的，也不是一种选择。告诉孩子，大部分自杀的人都患有一种严重的疾病——抑郁症。对孩子来说，重要的是提到抑郁症，并补充说明这种疾病通常是可以治愈的，但也有些人无法从中走出来。

孩子的问题

"他为什么自杀?"

对一个处于生命之初,渴望快点长大,想过自己生活的孩子来说,他是很难理解一个人不想活下去、想死的行为——尤其是这个人与他还是关系亲密之人。此时,最重要的是,你要向孩子解释,这个自杀的人生病了(这种疾病被称为抑郁症),他觉得自己再也无法战胜他生活中所经历的不幸,他不再相信有人能帮助他、治愈他。不要提及"选择"或"决定"这些字眼。

4岁的玛侬,在她父亲自杀后,母亲就立刻告诉她:她的爸爸决定赴死。从那以后,这个小女孩在加入了一群承受同样痛苦的孩子的组织后,表现出了非常专横的行为,她不停地说:"由我来决定。"

在一次聚会中,一位主持人找到机会对她说:"玛侬,你真的认为你父亲是做了决定才去死的吗?"她回答说,这是她妈妈告诉她的,她并不十分清楚。而另一个孩子接着说:"但是一个爸爸是不可能决定自杀的!"主持人随后向她解释说,自杀和理性的抉择无关。

虽然这种情况发生的概率很小,但一个孩子可能会面临另一个孩子由于一场疾病、自然灾害或交通事故而遭遇不幸的事件。他的第一反应会和我们一样,觉得这很不公平。重要的是我们要向孩子解释,死亡无关公平,它作为生命的一部分真实地存在着。如果说死亡让我们恐惧和反感,那是因为它无视年龄的大小和生命的循环。

谈论一个老人的死亡当然相对比较容易。但是，如果你试图解释死亡，无论是什么年纪的人死亡，都是没有意义的。死亡无法解释，我们只能去确认并尝试面对它。所以，在任何情况下，最重要的是你要告诉孩子，小孩子或年轻人的早逝是一种特殊的情况，一般情况下死亡是首先降临在老年群体中的。

第四章

和逝者告别

向刚去世的人道别，一般就是去参加遗体告别式、去参加逝者的葬礼，并在墓地前悼念他。与逝者告别对孩子们来说很重要，这能让他们最后一次向即将永别的人表达爱意。这些行为也能让他们意识到死亡的现实：他们亲眼看到所爱之人确实已经离开人世了。

是否应该避免让孩子经历一些特别悲伤的时刻？

在亲人去世时，父母必须在两个可能相互矛盾的要求之间做出选择：一方面，认识到孩子需要了解真相并参与亲人离世的时刻；另一方面，想要保护孩子，让他们免于经历某些特别悲伤的事件。是否让孩子参与亲人离世的所有阶段，将由父母根据自己的想法和感受，以及对孩子需求的了解来决定，当然，也取决于父母自身的经历，以及家庭传统和社会传统的比重。

当我们能站在孩子的立场去看待亲人的逝去，清楚地意识到他们需要知道、看到和积极参与进来，我们就会正确看待那些我们认为孩子很难以接受的事。即使确实仍然存在一些在我们看来非常困难的情况，但这样的情况并没有我们想象的那么多。

对孩子来说，他特别难以接受的事，实际上是那些在他还没有任何准备的情况下，毫无征兆的、突发的事，以及那些没有得到合理解释就需要他面对的场景或艰难时刻。

如果一个孩子发现自己单独与祖父的遗体在一起，并且发现祖父毫无反应、一动不动、冰冷和僵硬，他可能会感到恐惧和震惊。但如果他和他的父母在一起，并且父母向他解释了人死后身体的变化，那么他的反应则会有所不同。强迫孩子亲吻逝者（在法国有这种传统和习惯），或者触摸逝者，都可能对他们造成心理创伤，因此我们只能建议而非强迫孩子去亲吻或触摸逝者。

此外，虽然与逝者道别对儿童和成年人来说都是很重要的需求，但很明显，某些特殊情况下儿童确实不宜在场。比如看到暴毙、遭遇事故或自杀后的死者，特别是如果尸体变形或残缺不全，这种创伤性的画面会沉淀下来，让本已惨痛的经历雪上加霜，导致孩子延迟悲伤的发作。所以这种类型的场景绝对要避免让孩子们看到。

劳伦斯8岁时，她17岁的哥哥自杀了。劳伦斯坚持要见哥哥最后一面。她和父母一起去了殡仪馆，那里的员工不允许她看遗体，因为遗体的状况惨不忍睹。但在女孩的坚持下，他们最终妥协——让她看看哥哥的手。她看到哥哥的身体被一张大床单覆盖着，只露出了左手。这个小女孩看着哥哥的手并在他身边祈祷。在那之后，她告诉所有人，她很高兴看到哥哥的手，并补充说道："但我不太确定那真的是他。"

我 4 岁女儿的祖母刚刚去世,我要带她去参加葬礼吗?这会给她带来心理创伤吗?

面对这种情况,大多数孩子都想去和逝去的人说再见,和逝者做最后一次道别,所以我们应该带孩子去参加葬礼。当孩子被问及时,他们都会非常清楚地表达自己想去做告别的渴望,并表示如果大人阻止他们这样做,他们会感到后悔。这是向逝去的所爱之人致敬的最后机会,也是一种让孩子认识到逝者对他人有多重要的方式。最后,参加葬礼能帮助孩子们认清现实,对于孩子来说,做到这一点比成年人更困难,所以这也是让孩子接受失去亲人的现实的一种重要的方式。

哪怕是很小的宝宝也可以在父母的怀抱中参加葬礼,父母也不用禁止自己哭泣。虽然很小的孩子还不能理解死亡是什么,但当他们长大后,他们也会很高兴得知自己曾出席过祖父或祖母的葬礼。

然而,许多父母和与孩子关系密切的人仍然对此犹豫不决。他们更趋向于让孩子远离这些时刻,以尽可能地保护他们,让孩子避免经历他们所认为的"创伤性时刻"。但我们不可能把儿童隔离于生活中的所有现实之外。死亡就是生活中的现实之一。在这个对所有家庭成员来说都很煎熬的时刻,孩子们是最有可能被忽视的人。只有当孩子独自一人参加葬礼，没有人给予信息、解释，也没有令他安心的人陪伴他左右，这种情况才会给他造成创伤。每个参加葬礼的孩子都必须有一个他熟悉的成年人陪同，这个人需要特别照顾他，把他抱在身边，同他说话，向他解释，如果他表现得焦躁不安，可以带他离开现场一会儿。

如果孩子没有参加告别式和葬礼，也不代表他就无法哀悼。你可以和孩子讲述葬礼上的事，并继续与家人追念逝者，这种方式也可以让孩子参与进来。例如，可以在逝者去世一周年的时候举办仪式，没有参加葬礼的孩子可以参加这一次的悼念。

孩子看到去世亲人被火化，会留下心理创伤吗？

火化虽然不是最近才出现的做法，但在20世纪80年代之前，它一直是以非公开的性质存在的，所以，对第一次参加火化仪式的成年人来说，这往往是痛苦的。他们很难面对亲友的遗体在这么短时间内化为灰烬的事实，这会让他们悲痛异常。

如果父母觉得自己不够坚强,也无法让孩子们参加这个他们认为会造成创伤的仪式,那就最好不要带孩子来参加。相反地,如果父母把这个经历视为积极的和使人强大的时刻,那么孩子就可以在父母的陪伴和支持下到场。但我们要知道,总的来说,大部分孩子并不理解焚烧他们所爱的亲人遗体的做法,也不喜欢火化。因此,他们可能会有一些回避性行为,我们需要理解和接受。

如果你不想让你的孩子参加亲人的火化仪式,或者如果孩子本人不愿意参加,那么就不要勉强,可以事后再组织悼念活动,比如在亲人去世的纪念日,和孩子一起举行一个小型追悼仪式。

孩子的问题

"奶奶去世了,她听不见我们的声音了,但我们依然要和她说再见!"

年纪太小的孩子并不关心这个问题,因为对他们来说,一个人死去和活着的区别不大,他们会认为去世的人就好像睡着了还会醒来一样。此外,许多年幼的孩子对逝去的亲人说话时,会认为他们还活着,还会再回来。

稍大一点的孩子会指出我们逻辑中的漏洞,他们认为人死了就什么都听不到了。我们可以简单地向他解释一下告别的意义:逝者当然再也听不见了,但告别是为了向逝者致敬,也是为了让所有爱他的人在这些艰难的时刻表达自己对他的爱和依恋。我们也要告诉孩子,这些都是我们聚在一起表达悲伤的集体行为。

"你觉得妈妈在天上吗?"

认为我们所爱的逝者在天上,这种信念在孩子身上非常普遍。你可以先问问孩子,认为它是更美丽的地方吗?还是觉得它是一个我们可以"像以前一样"生活的地方?

根据孩子的年龄,我们可以告诉他天上对我们来说是什么样子的,或者向他解释那是我们的一个愿景。但你必须谨慎用词,以避免让孩子对此产生不恰当的理解。

还有些孩子可能想知道灵魂是什么。我们可以向孩子解释,逝者的精神永远留在我们心里,也留在所有认识和爱他的人心里。事实上,孩子所关心的永远是亲人是否还在某处活着,因此,最恰当的回答就是告诉他们,逝去的亲人永远在我们心中活着。

当孩子不能去和他逝去的亲人道别时,他们通常会问这个问题。如果他没有去参加葬礼,我们只需向他解释,逝者的遗体会被放在一个叫作棺材的木盒子里,然后棺材会被埋在公墓下,墓碑上面有逝者的名字,我们可以去悼念他。如果孩子没有表现出不情愿,我们还可以把他带到逝者的墓前来给他解释这些。

第五章

看见孩子的悲伤,
和孩子一起悼念

孩子的悲伤很大程度上是受到周围成年人的负面情绪的影响。但是孩子对事物的体验方式，以及所经历的压抑又和成年人不同。他们用不一样的方式体验情感上的痛苦，甚至会隐藏它，但这些痛苦并不因此而减少。悲伤会对儿童的正常发展产生干扰，即使后来孩子得到了很好的陪伴，但他的一部分悲伤仍然被埋藏着，在很久之后会再次出现。

我的孩子很爱他的外祖父,但他知道外祖父去世了却没有表现出悲伤,这正常吗?

杰雷米快3岁了,他的哥哥马可5岁。他们经常和外祖父一起度过假期,也能定期见到外祖父。

一天,这位70岁的外祖父在脑中风之后突然去世。父母并没有向孩子们隐瞒这件事,但也几乎从未与他们正式讨论过,当时只有哥哥马可被带去参加了外祖父的葬礼。

兄弟俩的妈妈因自己父亲的离世而感到十分痛苦,但在孩子们面前她竭力忍住眼泪。马可也很伤心,他想找他的外祖父,但他的爸爸告诉他外祖父已经死了,他不会再回来。杰雷米则仅显得有些躁动不安,几乎什么也没说,也没有哭。三个星期以后,在一个外祖父通常会来家里的日子,杰雷米问他的妈妈:"外公他还没活过来吗?"

一个孩子在他深爱的人去世时不哭,既不能说是正常的,也并不属于反常——这只是个事实。在这种痛苦的情况下,孩子不哭有时会让成年人很不理解。但如果你片面地认为一个不哭的孩子是一个没有感情的人，或者觉得他是个坚强的"硬汉"，那就想得太简单了。

有些成年人在所爱的人去世时也很难哭出来（可能还会抱怨），特别是当死亡出乎意料、突如其来时，因为悲痛太强烈了，他的真实感觉和表现都像被按了暂停键。这是悲伤的一种延迟，在等待它爆发的期间，人们总会担心有什么复杂的情况会发生，比如慢性抑郁、身体上的并发症或行为错乱（事故、自杀等）。

我们可以尝试用几种方式来解释一下，为什么一个刚刚失去了深爱之人的孩子不会哭。有时小孩子不哭是因为他们还没有完全理解什么是死亡。虽然他们看到周围人很悲痛，但他们却没有真正了解原因。以3岁的杰雷米为例，毫无疑问，他对外祖父死亡这个事实还不够了解，也没有意识到死亡是不可逆转的。死亡对一个3岁的孩子来说是一个很难理解的概念，而且他对时间的流逝和持续的概念也相当模糊。案例中的杰雷米怀着疑惑等待外祖父回来，所以他问了他母亲这个问题。这种反应也可能发生在年龄较大的孩子身上。

我曾看到一个8岁的男孩在他父亲去世两年后，还问他母亲与此类似的问题。所有的孩子，尤其是年幼的孩子，都希望并期待逝者有一天会回来,但他们并不一定总是能表达出来。如果当时杰雷米和家人一起去参加了他外祖父的葬礼,他很可能会更好地理解外祖父已经死了,他再也见不到他了这个事实。其次,这个小男孩没有哭,也可能是因为他看到、听到、感受到他母亲的悲伤,以及感受到了她试图克制悲伤所做的努力。他也想和他妈妈一样克制自己的悲伤,并且不想因自己的眼泪而使妈妈更担心,所以他甚至比妈妈做得更好——一点儿都没哭。实际上,他认为他在保护妈妈。

哭泣有时被成年人看作是必须克制的幼稚行为。因此,有些年龄较大的儿童,尤其是青少年,会被禁止轻易哭泣。但是悲伤是客观存在的,在这种情况下,一部分痛苦的体验和情绪依旧会留在心底。那些曾经在幼年时期不被允许轻易哭泣的人,可能会因为失去其他重要的事物或心爱的亲人而更加悲伤。所以,不哭的孩子有时候需要以某种方式获得"许可"才能哭出来。案例中杰雷米的妈妈可以这样和他说:全家都因为外祖父的死而难过,因为我们再也见不到他了,你的心里肯定也很悲伤,想哭就哭出来,妈妈自己想到外祖父时也会哭。

隐藏、躲避悲伤的情绪是不可取的。失去亲人的父母需要告诉孩子悲伤的原因,敢于在孩子面前表达自己的悲伤,能够哭泣、释放情绪很重要。但是这种悲伤的表达必须有分寸，要让孩子感到他的父母并非处于情绪失控的状态。这往往是父母在悼念时最难做到的。

在一个家庭里，每个人体验和面对悲伤的方式不同，但有什么是共同"必经"的阶段？

哀悼者悲伤的程度，与逝者和他之间的关系直接相关。悲伤是个人的、私密的，在同一个家庭中，每个人的悲伤体验都有所不同。然而，无论逝者年龄、死亡情况如何，丧亲之痛在同一个家庭中呈现出的共同特征更为显著。

悲伤的过程开始于一种震惊状态，这种状态会影响人的情感（心理）、身体（健康）和社交状态（行为举止和与他人的关系）。如果亲人的死亡是意外和突然发生的，例如事故或自杀，那么我们的震惊感会更加强烈。当我们接收到亲人非正常死亡的信息时，会显现一种创伤状态，从而延迟了悲痛的开始。即使我们已经预料到亲人即将死亡，并尝试做好准备（失去亲人前），但失去亲人时的冲击依然会很强烈。

失去亲人的孩子会受到周围成年人的反应和行为的影

响，整个悼念期间都是如此。成人悲伤的情绪和行为都会随着时间而改变，他们的孩子亦然。孩子对失去亲人的反应也会因年龄而异。

大多数情况下，男人和女人、父亲和母亲的反应和行为既不相同也不同步。基于一些历史或社会的原因，女性在失去亲人时情绪起伏更大，表达出的痛苦更多、更强烈。男性则显得更克制，他们更倾向于控制自己的情绪，会尽力让自己此时去处理所有具体的事务，有时甚至将更多的精力投入工作中去——这能让他们减少在家庭中承受痛苦的时间。但是如今男性在社会和家庭中的角色和地位发生了很大的变化，很多男性对悲伤的体验也与往日不同了。他们敢于表达自己的痛苦，并且能更多地参与其中以此来支持家人。

在震惊之后，悲伤期很快就会发展到抑郁期。此时人会感到非常痛苦。悲伤会让人被巨大的身体和精神疲劳压垮。人的动作也会因此而变慢，每个举动都变得困难；食欲和睡眠通常也会受到干扰。这种状态是强烈的，尽管它的持续时间因人而异，但总是会让当事人和周围的人感到时间过长。

没人喜欢看到亲友受苦，因此我们经常会试图善意地去劝解一个刚刚失去亲人的人。但我们不可能与当事人感同身受，我们的建议通常也无法缩短当事人这段抑郁期的持续时间。一些极难克服的悲伤，如孩子的死亡或亲人因突发事件引发的死亡，它们给当事人所带来的抑郁期可能会持续好多年，我们不应该认为这是病态的。

正如我们所看到的，家庭中的每个人，根据自己的立场、习惯和角色，会以不同的方式经历这段时期。如果一位父亲由于自认为是家庭的支柱而抗拒和否认自己的抑郁，那么他可能会产生躯体上的不适或者会用另外的方式来自我保护，比如多动、减少睡眠、过度使用烟草和酒精，或其他成瘾行为。

总的来说，女性们一般不会刻意抵抗抑郁。当一个家庭经历特别难以忍受的悲伤时，父母、夫妻双方团结一致，总会更容易应对这种痛苦。许多夫妻在孩子去世后会选择分离，但实际上那些团结在一起共渡难关的夫妻，会发现双方在痛苦多年之后都变得更加坚强。

儿童经历悲伤的方式异于成年人，他们在情感层面上的感受不像成年人那么强烈，因为他们需要保护自己，而且必须要调动自己的能量来成长。然而，他们抑郁的情绪会更多地反映在他们的行为和身体上，比如他们会做一些冒险行为，或者健康状态变差。有一些朋友或家庭成员可能很难理解孩子这种表面上的冷漠态度,但就孩子而言,他可能会以自己的方式解读父母的态度——一个父亲强忍痛苦,可能会被孩子视作父亲对丧亲一事泰然处之的鼓励,就仿佛没有任何严重的事情发生过,或者好像磨难已经过去了;一个崩溃和沮丧的母亲可能会让孩子感到担心和困惑:"妈妈是因为我而哭的吗?为什么我不能让她笑?"

此外,父母应该意识到,孩子即使再需要母亲,他也很难每天和一个情绪低落的母亲生活在压抑的气氛中。而对于母亲来说,她虽然没有那么多精力投入孩子身上,但孩子对她来说既是一种安慰、一个活下去的理由,也是一种比平时沉重得多的负担。

我们怎么做可以让孩子尽快从失去亲人的家庭压力下抽身而出?

首先,在亲人生命的最后几天和葬礼期间,不要让孩子置身事外,这很重要。其次,失去亲人的家庭要学会将孩子托付给朋友们几个小时,这也同样重要。孩子们会为能够从这种悲痛的气氛中走出来而感到如释重负,父母也会得到短暂的解放，因为在孩子不在场的情况下，他们可以有几个小时自由地沉浸在自己的悲伤中。

总有一天，生活会恢复如常。然后，他们回忆中的甜蜜、忧伤会胜过失去的遗憾。逝去的亲人在爱他的人心里也有了一个非常特殊的位置。他们永远不会忘记逝者，逝者的爱也会鼓励着他们重获幸福。这时，父母帮助孩子重新回忆和逝者曾经在一起的共同时光也颇为重要：可以专门为孩子制作一本相册，让他选一两件有意义的属于逝者的物品。失去亲人的孩子比成年人更需要记忆的痕迹，这既是因为他们的回忆更少，也是因为他们对现实的感知并没有那么深刻和牢固。

我应该经常和孩子谈论他去世的爸爸吗？

当孩子自己提起这个话题的时候，成人不要错过与他交谈的机会。这并不意味着你要和孩子谈上几个小时，可以是简单的几句话，同孩子一起回忆一下与逝者曾经共度的时光，帮孩子唤醒记忆对孩子来说非常重要。

如果孩子一直不谈论这件事，父母最好主动唤起和孩子、逝者在一起时的共同记忆，还可以展现一两张他们在一起拍的照片，并主动提出陪孩子去逝者的墓地看看。逝者的周年纪念日和家庭聚会日都是很好的谈论机会。

完全不谈论逝者对孩子没有帮助，但谈论过多也可能对孩子不利。父母同孩子谈论他们已故的配偶，这是可以理解的，但让孩子一起承担他们的痛苦是不明智的，因为这不是孩子的职责。比如，失去父亲的小男孩怀着最美好的初衷，已经自发地倾向于去取代父亲的位置，那么他的母亲就不应该再鼓励孩子成为自己的知己。如果她需要找人倾诉，想表达她的悲伤和其他非常痛苦的情绪，可以去找朋友、亲戚，或者其他在这方面有能力帮助自己的专业人士。

4岁的女儿一离开她妈妈的围巾就睡不着。对孩子来说，逝去的亲人留下的痕迹和回忆很重要吗？

保存逝者的痕迹十分有必要。首先，这源于这样一个事实，即这些痕迹是逝者生前现实的见证。其次，这些痕迹有助于家庭成员与逝者的逐渐分离，家庭成员也可以通过珍藏这些痕迹来纪念逝者。

当然，生者对逝者的回忆会永远铭刻在心，但分离必须是渐进的，就像接受这个现实一样。要真正接受挚爱的人已经消失的这个事实，最开始你必须要有一种并没有完全失去他们的感觉。而逝者留下的东西真正地证明了逝者曾经存在过和现在已经死亡的现实，这对爱他的人来说很重要，对那些后来才认识他的人则更加至关重要。

除了保留逝者的物品痕迹，悼念者也会依赖一些其他的物质证据，特别是逝者的私人物品和照片。但也有些非物质的重要痕迹，那就是与逝者共同生活时的记忆。

正如我们所看到的，孩子很难评估和处理亲人死亡的现实，特别是年幼的孩子，他们并不像成年人那样看待死亡。他们对与逝者共同生活的记忆都比较少，一部分是因为他们年纪还小，另一部分原因在于他们和成年人相比，更倾向于放眼未来。所爱的逝者的痕迹对他们来说也同样非常重要。有些临终的父母很清楚这一点，所以他们在临终前会为孩子准备一个"留念品盒"，里面会放上一两件私人物品、一绺头发、他们的香水、照片和一封在他们离世后孩子可以阅读的信。

与一个刚刚失去心爱之人的孩子一起制作一本关于逝者的纪念相册，并允许他们把一两件曾经属于逝者的重要物品据为己有,这些都是恰当的方法。我们还可以给孩子一个记录本,让他在本子上画画或记录与逝者曾一起生活的点滴、小故事,又或者只是记录他的情感和感受。父母也可以在本子上写点东西,讲述孩子与去世亲人之间曾经的回忆。

我儿子在 6 岁时失去了爸爸,这种创伤可能会对孩子造成什么具体后果和心理影响?

我去拜访一位朋友,他是巴黎一家医院的科室主任。当我们经过一位身体状况非常糟糕的病人床边时,朋友对我说:"你不会想到,他差点因为在 7 岁时失去父亲这件事情而死!"我向他提出要查阅这位病人的档案,他知道我对失去亲人的儿童心理有研究。然后我们查阅档案发现,病人的父亲在 41 岁时,也就是和他现在的年龄相仿时,正好死于和他现在相同的疾病。这种疾病也正让他慢慢走向死亡。

当然,他小时候父亲病逝的这件事并不是导致他如今生重病的原因,但也很难否认这是一个加重他目前病情的因素。

对于沉浸在过早失去亲人的悲伤里的孩子,人们对他们的未来和生存状况通常会有两种截然相反的风险预测:要么低估这种创伤对孩子未来生活的影响,他们会认为孩子长成青少年,然后直到成年的阶段似乎一路都很顺畅;或者与之相反,认为这个失去亲人的孩子将来一定会遇到很大的问题。实际上,家庭成员或专业人士做出的这种预测都可能会对孩子产生负面的影响。

人们更侧重于认为孩子的亲人早逝会给孩子带来潜在的后果,丧亲可能会给孩子未来的生活带来严重的并发症,而不认为孩子有时也可能从中获得精神力量。事实上,如此严重的创伤也会产生积极的影响,乍一看这似乎是不合逻辑的,因为无论是对成年人还是孩子来说,悲伤确实都可能带来负面影响,可能引起并发症甚至心理病态,但事实上它同时也会产生一定的积极影响。在大多数情况下,这两种影响以不同的比例共存着。

如果一个孩子在他父亲在世时和父亲的关系足够好,他一直生活在一个相对和谐的家庭氛围中,并且在哀悼期间也得到了其他亲人很好的陪伴,那么他会从中找到平衡——至少是表面上的平衡。尽管他会说他因父亲的去世和缺失而感到痛苦,但他的确看上去可能和往常一样,状态正常。另外,让孩子能自由地谈论这件事也很重要。

由于孩子的状况在很大程度上取决于他周围的人的状况，其悲伤的演变与家人的悲伤演变有关——尤其是他的母亲，如果母亲能很好地处理悲伤，也会给孩子带来积极的影响。但即使在这种有利的环境下，父亲去世对孩子产生的负面影响也是可以感觉到的。比如，在学校里，孩子的学习成绩出现暂时下降是很常见的，因为他很难集中注意力认真学习。但相反地，还有一些曾经的好学生，他们可能会变得更好——这是他们对已故父母致敬的一种方式。

失去亲人的孩子也往往倾向于与班上有类似经历的孩子，甚至是与有性格或行为问题的孩子亲近。父母的去世会让孩子觉得不公平，他会觉得自己和别人不同了，因而会去亲近那些和他有相似情形的人。

年幼时经历了父亲逝去的男孩和女孩的情况会有所不同，这是源于俄狄浦斯情结。男孩在他的发展过程中，会向父亲认同，因此父亲的死对他伤害更大，他的未来如何发展将部分取决于他是否有能够重新认同的男性形象（比如母亲的新配偶）。

父亲的去世使母亲身边的位置空缺了出来，很多母亲便会从她的儿子身上得到安慰，并倾向于依靠儿子——这同时也是孩子的请求,他成了家里的小男子汉。这种情况在刚失去亲人时是可以理解的,但绝不能持续下去,因为这对小男孩的成长非常有害。他不应该成为他母亲的知己,这样的角色会妨碍他成年后向世界敞开心扉。而小女孩则可能对过早去世的父亲保持理想化的想象,她希望在未来的伴侣身上找到父亲的影子,这让她成年后,会有对感情极其失望的风险。

调查发现,许多在童年时期经历过沉痛打击的孩子,在青春期后期和成年早期都很难建立起令人满意的、稳定的恋爱关系。他们要么害怕产生依恋关系,因为一旦失去爱人会重新揭开他们的伤口;要么在与伴侣相处时,经常生活在害怕被抛弃和担心关系破裂的恐惧中。于是他们往往为了避免再次遭受这种痛苦,在第一次恋爱时,遇到困难就会选择分手。

我儿子和他爸爸感情不和好多年了,他将怎样面对他爸爸的突然离世?

在一个处于困境的、家庭关系失衡的家庭中,如果孩子与父亲的关系是有问题的,是冲突的、痛苦的,那么无论这个父亲的死因是什么,都会导致孩子的负罪感,孩子会认为父亲的死是由他的行为造成的。这个悲伤的孩子还很可能会表现出让他人觉得自己过得很好的表象,因为他与父亲的冲突已不复存在,在别人看来,他可以松口气了。

这种负罪感将导致这个孩子在未来很长一段时间里,产生或多或少的并发症,然而它的强烈程度常常被成年人,甚至是优秀的专业人士忽略和低估。这些负面影响可以表现为孩子的情绪多变,通常是郁郁寡欢,或者孩子的性格变得更加难以相处,它们还可能影响孩子的身体健康或使孩子出现行为障碍,比如导致这个孩子喜欢冒险或轻微犯罪。

与此同时,这些悲伤和痛苦也能给孩子带来有利的一面,就像成功克服悲伤也可以给成年人带来力量。当他们意识到自己的能力,即使害怕着,也能感到自己已经为面对其他挫折做好准备了。克服了悲伤的孩子往往表现出一种优秀的抗挫折能力:他们不仅不会让自己被摧毁,而且能从创伤中汲取额外的力量。还有一些孩子,他们在幼年经历过失去亲人的创伤,成年后会选择社会性或护理性的职业。

失去亲人的孩子,他们的未来不会一直被不幸所禁锢。生活仍然在继续,他会把已逝的父母生前赠予他的东西牢记在心里。当然,希望孩子也不要过度地理想化逝去的父母的形象,这可能会使他在以后的生活中产生困扰,比如当父母健在的那一方重新组建家庭时，这种理想化就会再给自己带来伤害。所以，当孩子的痛苦减少时，父母健在的那一方除了重视已故另一半的形象外，也要能客观看待其缺点。

孩子失去了兄弟姐妹，这对他们有什么影响？

兄弟姐妹离世与父母离世产生的后果并不相同，给孩子带来的影响的性质也不同。在童年时期，孩子的兄弟姐妹，不管是比自己年长的还是年幼的，如果发生意外或死亡，这对于他来说都是荒唐的、不公平的、不可接受的，他会变得惶惶不安，时刻害怕另一场灾难会发生，有时甚至还会担心自己也会死去。

另外，特别是兄弟的死亡，对男孩和女孩的影响也是不一样的，这也会因他们年龄不同而有所差异。对男孩来说，哥哥是一个范本，一个附属于他父亲的形象。对女孩来说，他也是一个年轻男性的形象，象征着她们在幻想的层面上对性的觉醒。

亲人的逝去导致相关的环境和财产发生变化，可能会增加孩子内心的创伤，此时父母应该怎么做？

家庭成员的去世总是会导致其他家庭成员的生活习惯发生变化，尤其是孩子。这些变化被视为附加的损失。当父母中的一方去世时，家庭的收入就会减少，搬家的可能性就大大增加，在这种情况下，孩子尤其难以忍受。他们会感觉自己重要的生活基准被剥夺了，所以应尽可能地避免去改变他们的日常生活习惯。搬家后，新房子可能比以前的房子小很多，或者搬到了另一个陌生的社区或城市；其他生活方面也需要节省开支，像休闲、穿着、度假等支出也相应地减少。因此，当孩子们突然面临着与他们以前的生活相比，差距较大，变化明显的现状时，会产生挫折感。他们的生活发生了变化，他们也必须逐渐学会和其他家庭成员一起适应新的生活。

幸运的是，很多家庭父母的去世并不一定会造成这种物质上的困难，对于失去亲人的孩子来说，他们要面临的最大的变化是要学会与单亲父母一起生活。单亲父母要承担所有物质上和教育上的压力，那些曾经由父母共同承担的责任（接孩子放学、辅导作业、准备饭菜、陪孩子上兴趣班等），现在都落在了单亲父母身上，尽管他们很痛苦，但必须保障每天的日常。无论如何，单亲父母与子女在一起的时间终究是减少了，这是已故父母缺席的具体表现。

物质上的变化也会增加孩子失去亲人的痛苦，其影响在不同家庭中差别很大，但主要取决于亲人去世前家庭成员之间的关系质量。如果是父母一方离世，那么它不仅取决于父母之间是否融洽，也取决于健在的父母一方在情感、心理、身体和物质上的承担能力。家族的规模及其可为孩子提供的帮助，是保护失去亲人的儿童生活环境的重要因素。家庭中子女的人数对此也会有影响。如果孩子很多，他们可以在一定程度上互相支持。

此时，建议父母在家人、朋友和周围人的帮助下，尽最大努力确保失去亲人的孩子的生活少受干扰，这一点很重要。例如，如果你们有搬家的计划，最好将其推迟到一年后。有必要让孩子们为此提前做好准备，并让他们参与新的搬迁计划，如让他们布置自己的卧室。同样，如果转学是不可避免的，最好让孩子在他的学校完成当下的那个学年，在那里，他的朋友、同学和老师是他正常生活的参照坐标。

还有，与孩子们谈论这些变化很重要，向他们解释为什么这些变化是必要的，提醒他们做好准备，这样他们就不必突然去面对这些新的损失。最后，这些变化并不总是完全消极的，重要的是，我们要和孩子们一起找出让生活变得更好的事，比如拓荒一个花园，找新朋友，搬到离亲人、表兄妹更近的地方等。

如何发现孩子潜在的焦虑？发现之后又该怎么做？

焦虑的孩子会以多种方式表达出他的不安。他的性格会发生变化，变得不稳定；他的情绪多变，有时会变得郁郁寡欢；他的行为更容易激动，有时稍不留神就会过度沉迷于冒险活动（追求感官刺激，逃避现实）；他的睡眠受到干扰，需要很长时间才能入睡，并且经常出现轻微的健康问题。

细心或警觉的父母比其他人更能发现孩子的焦虑迹象。他们会试图宽慰他，会花更多时间在孩子身上，给他更多的爱和温柔，并与他谈论他的不安和问题。如果孩子的情况没有好转，你就有必要和专业的医生谈谈。

很多时候父母没有发现孩子的不安，是因为他们自己也很痛苦，无法倾听孩子。通常父母的焦虑也会让孩子产生不安，或者让孩子更担心。那该怎么办呢？

有的父母倾向于隐藏自己的苦恼，因为他们错误地认为那是软弱的表现；而有的父母则无法控制自己的悲伤，也不想隐藏自己的焦虑，他们将焦虑完全向外释放。这两种态度都会让孩子感到不安，特别是当他们不明白是什么原因造成父母这样时，他们会更加焦虑。不要忘记，大多数时候，孩子除了害怕失去和分离，也害怕丧亲产生的后果。

父母应该鼓起勇气向他们信任的人倾诉自己的不安以及对孩子的担忧，这显然是适当且必要的。但父母必须要先意识到自己的这种不安，并愿意谈论它。有时，仅仅是被倾听，或者改变气氛和环境让自己能够喘息一下，哪怕时间很短暂，也都是一种宝贵的安慰。但对于有些父母，这些是远远不够的，他们的焦虑依然强烈且无处不在，那么此时，他们则有必要向专业人士寻求支持。

对于孩子来说，失去亲人是导致其产生焦虑的一种特殊情况。然而，所爱之人的死绝不是焦虑和痛苦的唯一根源。大多数时候，这种痛苦和焦虑在更早的时候就存在着，失去亲人只是让他们的焦虑表现出来并得到了强化。随着时间的推移，悲伤也会发生变化。我们必须等待他们的这种焦虑慢慢消退，并且相信他们有一天能战胜自己，即使在这期间，这种痛苦和焦虑一度让我们感到绝望，甚至怀疑是否有能从这不安中走出来的一天。

如何与孩子一起为未来做准备并重启新生活？

在父母一方或孩子挚爱的亲人去世的这段悲伤的时间里，孩子依旧会不断成长。在某些方面，他的发展在一定程度上受到这种磨难的阻碍和影响；但在其他方面，比如人格的发展上会恰恰相反，他会发育得较早。孩子未来会如何发展，将取决于这段经历给他带来了什么。

我们已经看到，这样的变故可能导致一些物质生活上的改变（比如搬家、生活质量下降等），这都需要孩子做出额外的努力来适应。情感变化和人际关系的变化对于孩子来说同样重要，也将影响这个家庭的未来。

父母和孩子能否很好地应对悲伤，在很大程度上取决于变故前家庭成员间的关系和平衡状态。同样，当父母中的一方去世时，家庭的未来——无论是在组织还是平衡方面，主要取决于另一方父母的悲伤的演变及其与子女共情的能力。曾有一项研究表明，只有 1/4~1/3 失去亲人的父母能够妥善处理自己的情绪，应对孩子的悲伤。这也表明了家庭环境的重要性，以及从专业人士或专业机构及时获得帮助的必要性。

如今，丧偶的年轻伴侣在某个时候找到新伴侣，为孩子重建一个新家的情况越来越普遍。当逝去的亲人在每个人的心中扎根，并在家人的记忆和话语中占有一席之地，这种重建是可能的。这种情况下，孩子的未来将在很大程度上取决于这对新夫妻的关系，以及他们和这个新加入家庭的成年人之间建立的关系。对于很小就失去爸爸或妈妈的孩子来说，能够有第二个母亲或第二个父亲，是发生在他们身上的最美好的事情。

—— 孩子的问题 ——

"我怎么不记得爸爸了？我忘了所有我们一起经历的时光。"

如果在孩子年纪还小的时候，他的父母就去世了，他长大后有时就会抱怨说，他对逝者已经没有记忆了，尽管他可能不敢承认这一点。当一个孩子向专业机构讲述这种记忆被抹去的情况时，机构里的其他孩子会向他解释说，某些被埋藏的记忆可能会重新浮现，无论如何，重要的是要确信你永远爱着逝去的人，并被他爱着。

一般来说，孩子们在 4 岁之前几乎没有记忆，因此保留他们与亲人的影像和照片很重要。给孩子制作一本纪念册也是很有帮助的，等他们学会阅读时可以翻看。4 岁后，纪念册仍然重要，逝者的物件也一样重要。但我们也必须知道，记忆会重现。

孩子可能会因为家人的沉默而失去记忆并重建其他记

忆，因为家人的沉默不语，孩子被默许忘记不再存在的人。所以，孩子把逝者理想化是一种相当普遍的社会化行为。还有一种情况在一个家庭中也很常见：逝者的积极面被提及，而他们的缺点则被默默忽略，甚至被遗忘。通常，没有失去亲人的孩子们会随着长大，不再理想化自己的父母。父母也参与了这种去理想化的过程，以便更容易地和孩子分离。但是，当一个孩子在幼年时期，父母去世了，这个过程会被中断，先前的理想化反而会被加强。悲伤的孩子需要保存"好父母"的形象，他将记住那个在死前给他幸福的人，这个过程对他之后的成长是必要的。但总有一天，他将不得不抛弃它，以便能够向世界敞开心扉。